죽음을 마주하는 시간

death

영원한 소멸, 혹은 잠깐의 이별

죽음을 마주하는 시간

이원락 지음

페이퍼로드
paperroad

씩씩하고 기품 있는 죽음에 대하여

지난 봄, 저자인 이원락 선생이 원고를 보내오셨습니다. 70세의 나이로 경주의 한 요양 병원 원장으로 계신 분이었습니다. 원고는 주로 노년의 삶과 죽음에 관한 글이 대부분이었는데, 글쓰기를 업業으로 삼고 계신 분이 아닌지라 턱, 턱 걸리는 부분이 많았습니다. 사념과 직관을 날것 그대로 내보이는 구절들도 더러 있어 잘 팔리는 책이 되기는 힘들 것 같아 보였습니다. 그러나 편집자인 저에게 매력적으로 다가온 것은 소위 'TK'의 성골이라는 경북고와 경북대를 졸업하고, 40여 년을 그 지역의 병원장으로 일하신 분이 대구 YMCA 이사장과 낙동강 살리기 운동협의회를 비롯한 다양한 환경 운동 단

5

체의 대표로 지내시는 등 묵묵히 소신을 지켜온 이력이었습니다. 게다가 58세의 나이에 마라톤 풀코스 5회에 맞먹는 200킬로미터 울트라마라톤을 27시간만에 완주했다는 것은 경이로운 기록이 아닐 수 없었습니다.

줄곧 '죽음'에 관한 책을 내고 싶었는데, 쉽게 필자를 만나기 어려운 상황에서 노년과 죽음에 집중한 원고를 주신 점도 한몫했습니다. 출판업자로서 이른바 '생애주기 상품'이라고도 할 수 있는 죽음에 관한 책을 만들면, 박카스나 활명수처럼 오래가는 효자 상품이 되지 않을까 하는 책 장사꾼으로서의 셈도 있었습니다.

자식이 태어나면 누구나 부모로서 어린 생명을 잘 키우고자 하는 열망을 가지게 됩니다. 육아와 자녀 교육에 관한 책들이 매년 끊임없이 쏟아져 나오는 배경이라고 할 수 있겠지요. 한편 10대 시절에는 인생이란 무엇인지, 어떻게 살아야 하는지 등 삶의 근본 문제에 천착하게 되어 철학, 역사, 문학 분야의 책들을 본격적으로 접하기 시작합니다. 더 나은 삶과 커리어를 꿈꾸는 사회 초년생들은 소위 자기계발서와 경제경영서로 분류되는 책들을 찾기도 합니다. 그러다가 한 해 두 해 늙어가면서 가족이나 친지의 죽음 등 보다 직접적인 상실의 순간에 직면하게 되면 비로소 노화와 죽음이라는 피할 수 없는 운명에 대해 생각해 보게 됩니다. 이렇듯 인간의 삶이란 결국 태어나고, 자라고, 늙고, 죽는 네 가지 주기를 따라 흐른다고 생각합니다.

여성은 30세가 되면서 나이를 의식해 젊음이 한풀 꺾이고, 남성은 40세를 기점으로 그렇게 된다는 말이 있습니다. 물론 요즘이야 50이 넘어서도 죽기 살기로 성형과 시술을 통해 고치고 운동하면서 미모를 유지하는 이들이 많지만, 과연 마음까지도 청춘을 유지할 수 있을까요? 출판업계에 몸담은 지 20년이 지났지만 여전히 30세 여성과 40세 남성을 의식한 책들이 대세를 이루는 것을 목도하곤 합니다. 저 역시 40세 즈음에 『마흔살의 승부수』라는 책을 내기도 했습니다. 원고가 한참 늦게 들어오고 마케팅 솜씨도 영 시원치 않아 비슷한 주제의 다른 책들보다 잘 팔리지는 않았지만, 의미 있는 작업이었고 독자의 반응도 제법 있었습니다. 그리고 지난해, 50을 바라보면서 스무 명의 필자와 함께 흐르는 세월의 의미를 묻는 『세월은 흐르는 것이 아니라 쌓이는 것이다』라는 책을 냈습니다. 이 책 역시 많이 팔리지는 않았지만 지금껏 펴낸 100종 정도의 책들 가운데서도 참 소중하게 여기고 있습니다. 존경해 마지않는 분들이 마음을 다해 아름다운 글들을 써 주셨습니다. 그중 한 필자분은 드라마 〈서울의 달〉, 〈파랑새는 있다

7

〉의 작가로, 최근에는 〈유나의 거리〉로 숱한 먹물팬들의 환호를 받았던 김운경 작가입니다. 다음은 김운경 작가가 〈서울의 달밤〉, 〈님은 먼곳에〉 등 백여 편의 명곡을 작사하신 유호 선생에 바치는 헌사입니다.

"플라톤이 그랬던가. 자신은 노예로 태어나지 않은 것, 여자로 태어나지 않은 것 그리고 소크라테스의 시대에 태어난 것을 진정 축복이라 생각한다고. 나 또한 한 시대를 살면서 존경할 수 있는 선배를 만난 것이 행복한 일이라고 생각한다."

저 역시 김운경 작가의 20년 넘는 팬으로서 같은 표현을 하고 싶습니다. 또 다음과 같은 대목에서는 늙음과 죽음에 대한 김운경 작가의 생각과 통찰의 정수를 엿볼 수 있습니다.

"강원도 강릉시 왕산면 대기리에 있는 작은 암자, 곰자리 절. 그절 옆에는 주지스님이 해다 놓은 나무더미가 세 무더기 쌓여 있다. 왜 이렇게 나무 욕심이 많으냐고 여쭈었더니 스님 왈, '요거는 올겨울에 땔 거구요. 이거는 나 죽으면 다비할 때 쓸 거. 또 한 무더기는 새 스님이 들어오면 쓰라고 할 겁니다.' 스님은 미소 가득한 얼굴로 나무 세 더미의 의미를 담담하게 말씀하셨다. 세월이란 유장하게 흐르는 것이 아니라 빛과 같이 짧은 것이다. 인생이란 낡은 여인숙의 짧은 하룻밤이라고 한다. 그 여인숙에서 만난 찰나의 이웃들에게 되도록 아름다운 이야기를 들려주어야 한다."

－『세월은 흐르는 것이 아니라 쌓이는 것이다』 33p 중에서

다가올 겨울과 죽음을 담담히 준비하고 이웃과 다음에 올 사람을 생각한다는 스님의 말씀은 이 책의 저자 이원락 선생의 노년과 죽음에 대한 성찰과 통합니다. 마라톤 풀코스만 35회를 완주하고 전문의 자격만 세 개를 가지고, 그야말로 인생을 전력질주한 저자는 거칠지만 되풀이해서 진심을 다해 다음과 같은 메시지를 전합니다.

우리가 흔히 말하는 좋은 죽음이란 적당한 시기에, 사랑하는 가족들에 둘러싸여, 고통 없이, 모든 것을 완전히 정리한 후, 편안하고 존엄성 있게 가는 죽음이다. 그러나 이것은 거의 불가능하다. 죽음이란 호락호락하게 우리의 소망을 들어주지 않는다. 다만 죽음은 삶의 한 과정으로서 삶의 모든 한계점을 알게 할 뿐이다. 그래서 죽음은 우리에게 매일이 생의 마지막인 것처럼 최선을 다해 살아갈 것을 묵시적으로 명령하고 있다. 니체는 살아

갈 이유를 알고 있는 사람은 어떠한 상황도 견뎌 낼 수 있다고 했다. 살아야 할 이유를 아는 삶은 아름다울 것이다.

– 본책, 71p 중에서

이 책의 저자와는 달리 한없이 게으르고 20년이나 어린 제가 저자의 원고에 공감하게 되는 것은 그 동안 세 번의 죽음을 만났기 때문입니다. 그것은 바로 아버지와 빙모, 그리고 손윗 동서의 때 이른 죽음입니다. 제가 태어나기도 전, 유아기에 죽은 제 손윗 형까지 아버지는 총 9남매를 두셨습니다. 저는 일곱째 자식으로 태어나 서른이 넘어서야 아버지를 어렵지 않게 대하게 되었고, 가끔씩 보루 담배도 사 드리면서 소주도 한잔 청하는 즐거움을 누릴 수 있었습니다. 졸저『하룻밤에 읽는 한국사』를 쓸 무렵인 2001년에는 밤새 책이랍시고 써 대는 아들에게 우유며 과일을 내주셨던 아버지가, 책이 나온 이듬해 초 심근경색으로 쓰러지셔서 손도 제대로 쓸 틈 없이 3년을 의식도 없이 누워 계시다 돌아가셨습니다. 소생의 희망도 없이 장례까지 준비하면서 자식은 일상의 3년을 보냈습니다. 쓰러진 그 해 겨울 저는 아내를 만나 결혼을 했고, 자식도 태어나 사랑과 전쟁을 반복하는 일상의 가정 생활을 꾸렸습니다.

저자는 의사지만 의미 없는 생명 연장에 시간과 돈을 잔뜩 들여야 하는 '연명 치료'에 대해 의문을 제기합니다. 저는 체험적으로 공감하게 됩니다. 식사와 배변을 자신의 힘으로 하지 못하고 남에게 의존해야 하는 연명 치료가 혹시 존엄성을 지키면서 떠나고자 하는 환자의 의지에 배치되지는 않을까 하는 저자의 문제의식에 공감합니다.

한편 저자는 '영원한 소멸'일 것 같은 죽음을 '잠깐의 이별'로 맞이할 수 있는 것은 이어서 살아가게 될 후손들의 '기억' 때문일 것이라고 말합니다. 우리의 제시 문화가 바로 삶과 죽음을 이어 주는 기억의 일환인 셈입니다. 저 역시 가족과 지인들이 명절이나 제사 때 모여 죽은 이를 추억하는 것은 소중한 일이라고 생각합니다. 얼마 전까지만 해도 '유세차……' 하는 축문祝文을 올리고 제사상에 의례적인 순서와 가짓수를 맞춰 음식을 올리는 제사가 지배적이었지만, 요즘은 축문 대신 한 해 동안 자손들의 일을 고하고 죽은 이와 살아가는 이의 안녕을 비는 제사 문화가 많아졌다고 합니다. 저희 집안역시 아버지 제사를 그렇게 지냅니다.

이런 제사도 제사지만 죽은 이는 땅에 묻는 게 아니라 가슴에 묻는 게 가장 소중한 기억이겠지요. 5남매의 늦둥이로 태어나 아버지 사랑을 듬뿍 받았을 친구 이상규는 91세를 일기

로 가신 아버지를 보내고 3년이 지난 지금도 술 한잔 하면 사
부곡을 보내오곤 합니다.

오미자 술

당신 떠난 날 오미자 술 담궜지
오겠지
오면 함께 마셔야지
그러나 오지 않았지
석삼년이 지나도 오지 않았지
저 홀로 익어가는 게 불쌍했지
불쌍해서 마셨지
마시고 취했지
취하고 당신을 만났지
그제야 알았지
오미자 술은 당신이 준 선물이었지

이런 마음은 부모 형제, 소중한 사람들의 죽음을 만났던 모
든 이들이 가질 것입니다. 우리가 죽음을 두려워하면서도 그
것을 준비해야 하는 것은 죽음을 생각하는 만큼 삶이 소중하

다고 여기기 때문이라고 저자는 말합니다. 죽음을 생각할 때 삶이 소중해지고, 가족이 소중해지고, 이웃이 소중해지고, 모든 생명이 소중해진다고 말입니다.

페이퍼로드 대표

최용범

장수 시대, 죽음과 소통하기

어떤 이들은 시간을 두고 활을 떠난 화살에 비유한다. 그만큼 빠르다는 뜻이다. 또 다른 이들은 하루를 보내기가 지루해서 죽을 맛이라고 한다. 어린 시절, 학교에 다닐 때는 방학을 기다리느라 눈이 빠질 지경이었지만, 나이가 들고 보니 계절은 하루같이 지나간다.

나이를 먹을수록 궁금한 것이 많아지고, 무엇이든 더 알고 싶어진다. 그래서 지난 7년간 나는 수백 권의 책을 닥치는 대로 읽어 왔다. 이를 평균적인 독서량이라고 생각할지 모르겠지만, 진료와 독서를 병행하기란 그리 쉬운 일은 아니다. 게다가 2회, 3회 이상 읽은 책들도 상당하다. 읽고 나서도 중요한

14

부분은 따로 기록해 둔다. 그래야 잊어버리지 않고 저자의 생각을 내 것으로 소화시킬 수 있기 때문이다. 나는 친구들에게 "이 동네에서 책을 많이 읽는 사람을 뽑는다면, 내가 뽑힐 거야"라고 농담 삼아 말하기도 한다.

학창 시절의 나는 작은 키에 왜소한 체격이었고, 우리 집은 가난해서 과자 하나를 마음 놓고 사 먹기가 어려운 처지였다. 거기다가 '안동 양반에 걸맞는 행실을 하라'는 가정 교육을 받고 자란 터라 다른 사람들 앞에 선뜻 나서지도 못했다. 덕분에 나는 매사에 소극적인 자세를 취할 수밖에 없었고, 나이가 들수록 이런 면을 극복하기 위해 노력했다. 청년 시절에는 해병대에서 근무하는 동안 '안 되면 되게 하라'라는 구호에 매료되기도 했다.

사회 운동과 환경 운동에도 뛰어들었다. 자연히 낙동강, 금호강, 운문댐, 수돗물 정수장은 나의 주요 활동 무대였다. 거의 10년간 매월 낙동강을 방문했다. 대통령 자문위원으로 참석해 보니, 국가 단위의 환경 운동이란 '지역 간의 환경 분쟁 해결'이었다. 아마도 지구 차원에서는 '기상학'이 환경의 주된 분야일 것이다.

마라톤에 매료된 것도 우연이 아니었다. 길이 있으면 그냥 달리기만 하면 되는, 환경 친화적인 마라톤은 고도의 인내력과 극기심을 요했다. 100킬로미터를 4회 달려보니까, 200킬로미터도 달릴 수 있겠다는 생각이 들었다. 실전에서 밤새도록 달려야 하니까, 나는 야간 11시에도, 새벽4시에도 연습을 하곤 했다.

70이라는 나이에 살아온 지난 날을 뒤돌아보니, 나름대로 영화처럼 일생을 헤쳐 왔다는 생각이 들면서도 이루어 놓은 것은 딱히 없는 것 같다. 그러나 나는 후회하지 않는다. 인생에서 반드시 결과물이 눈에 보여야 이룬 것은 아니니까, 하나님만은 내 노력을 알고 칭찬해 주시리라 믿는다. 스스로 열심히 했다는 마음이면 된 것이다.

장수 시대라고 해서 젊은이들은 기뻐하겠지만, 사실은 고통의 연장일 뿐인 경우가 대부분이다. 꼬부랑 노인은 그렇게 되고 싶어서 된 것이 아니다. 그들은 뼈와 마디가 닳고 닳아서 전신이 쑤시고 아프다. 많은 수의 노인들은 걷지를 못해서 누군가가 대소변을 대신 받아내야 한다. 요양 병원이란 바로 이런 어른들을 치료하는 곳이다. 이곳에서 마주한 삶의 마지막 순간과 죽음은 이 책을 펴내는 데 중심적인 역할을 했다. 나는 독자들에게 막연한 죽음에 대해서 이러쿵 저러쿵 늘어놓기보다는, 죽음의 순간을 결정짓는 것은 하루하루를 살아가는 삶의 태도와 확신에 달려 있다는 것을 말하고 싶었다. 젊은이들에게는 죽음이 먼훗날의 일이겠지만, 가장 에너지가 넘칠 때야말로 마지막을 상기하면서 후회 없는 선택을 해야 하는 시기다. 노년기에 접어든 사람이라면 죽음은 거의 친구처럼 가까이 있다. 그러니 더더욱 죽음과 친해져야 한다.

비록 죽음에 대한 책을 쓰긴 했지만, 나는 늙지 않았다. 단지 머리카락의 색상만 바뀌어서, 이제는 흰머리 소년일 뿐이다. 나는 이 세상과의 투쟁에서 이길 마음도, 질 마음도 가지고 있지 않다. 무승부이기를 바란다. 이것도 일종의 용기가 아닐까.

경쟁 사회를 살아가는 것은 매우 힘들다. 독자 여러분들의 팍팍한 삶을 헤쳐 나가는 데 이 책이 조금이라도 도움이 되기를 바란다.

2015년 9월
이원락

차례

요양 병원, 생명의 무게를 재는 곳

오늘따라 외선 씨의 숨소리가 매우 거칠다. 심전도기에 나타난 그래프도 일정치 않다. 6개월 전만 해도 심장이 일정하게 뛰었고, 몸을 약간 뒤척일 정도로 힘이 있었다. 그러나 이제는 불러도 반응 없는 의식 불명의 상태이다.

나는 6~7일에 한 번꼴로 죽음을 접한다. 임종을 맞이한 노인들은 요양 병원에서 장례식장으로 운구된다. 이런 상황에서, 내가 담당하는 분야는 처방전 내리기와 사망진단서를 작성하는 일이 대부분이다. 약을 투여한다고 해도 몇 달이나 며칠 정도로 연장될 뿐이다. 생명은 여전히 하늘의 소관인지라, 요양 병원 원장인 나로서도 어쩔 수가 없다.

23

요양 병원이란 저세상으로 떠나기 전에 잠시 쉬어가는 임시 휴게소 역할을 할 뿐이다. 이 휴게소를 이용하는 손님은 '사망 선고'를 기다리며 대기하고 있는, 엉크렇게 말라버린, 의식이 약한 노인들뿐이다.

중환자실에는 숨을 쉴 때 거품 소리가 나거나 의식 상태가 가물거리며, 병으로 마지막 단계에 와 있는 노인들만이 들어올 자격이 있다. 나는 아직 이곳에서 치료를 통해 건강을 회복한 환자와 퇴원 후 웃으면서 인사한 적은 없다.

그들의 인생은 험난하고 가파른 계곡의 연속이었을 것이다. 수많은 고생과 아픔을 겪고 난 후, 이제 허무를 벗삼아 끝맺음의 절차를 밟고 있는 것이다. 저마다 쐬쐬 가쁜 숨을 내쉬며 남아 있는 체온으로 하늘나라 입장을 기다리는 그들. 나는 사망 진단서를 큰 느낌 없이 작성하지만, 당사자에게는 이승을 떠나는 여행에 필요한 티켓을 발급받는 순간이 된다.

의사라면 보통 생명을 연장하는 쪽으로 의료 행위를 해야 하지만 요양 병원의 경우는 좀 다르다. 고통스런 시간만을 연장시킬 뿐인 치료가 과연 필요한지, 나는 매일 내가 하고 있는 진료 행위에 의문을 품게 된다. 그들이 약물로 겨우 생명을 유지하는 것은, 단지 평균 수명 연장이라는 국가 통계에 기여할 뿐인 것 같다. 이런 노인에게는 오히려 과거에 집에서 장사 지내듯이, 자연사하는 과정이 더 좋지 않을까?

그러나 법은 이들에게 주사 등으로 치료를 하지 않으면, 생명을 소홀히 하는 것으로 보아 그런 의사들을 용서하지 않는다. 그 때문에 의식 없는 노인에게는 치료 행위가 고통의 연장밖에 되지 않더라도 생명을 연장시켜야 한다. 그럴수록 하늘이 점지한 사망 날짜는 점점 늦어진다. 나는 이런 진료 행위 때문에 내가 죽으면 하늘나라에서 처벌을 받지나 않을까 두려운 마음을 늘상 가지고 있다.

생명의 값어치도 환자별로 차이가 난다. 그 기준은 사망시 보험회사로부터 지급받는 돈의 액수로 추정할 수 있다. 어떤 이는 큰 트렁크에 가득 차서 무거울 정도로 많은 돈을 받지만, 어떤 이는 몇 푼 안 되는 정도의 돈밖에 받지 못한다. 결국 잘 살기 위한 노력이 죽을 때 자신의 몸값을 높이는 일이 된다.

사망보험의 경우만 해도 알 수 있듯이, 죽음을 대하는 세상 인심도 많이 바뀌었다. 과거에는 간병을 하다가 위중한 상태가 되는 시간에 연락을 하면 보호자가 급히 나타났으나, 근래에는 어정쩡한 대답이 돌아오는 일이 점점 많아지고 있다. 마치 보기 싫은 것을 억지로 보도록 강요당할 때의 떨떠름한 느낌을 갖는 것 같다. 보호자들은 노인의 질병이나 간병 등에 대한 관심까지도 병원에 맡겨 버린다. 생명의 무게가 갈수록 가벼워지는 것 같다.

죽음은 두려움의 대상이다. 나이가 들수록 사람들은 헤어짐에 대해 불안해한다. 삶에 대해 희미한 촛불이라도 잡고 싶은 사람들은 종교에 의지하기도 한다. 철학자들도 죽음을 앞두고는 통일된 해석이 없다. 스토아주의는 죽음을 '삶의 격정적 올무에서 벗어나는 것', 셸링은 '본질로의 복귀', 레싱은 '영원한 새로운 탄생'이라고 표현했다. 죽음은 한마디로 표현하기에는 너무나 큰 주제인 모양이다.

지난 1백 년간 인간 사회의 변화는, A.D. 900년에서 1,900년까지 1천 년 동안보다 훨씬 더 극적으로 느껴진다. 범죄는 더욱 극악해지고 지구 전체가 오염되고 있으며, 빙하는 녹아내리고 있다. 유명하던 대구 사과도 이제는 강원도로 가 버렸다. 인간관계 역시 전자시대에 걸맞게, 얽힌 실타래처럼 복잡하다. 이런 사회에 사는 사람들은 노인들의 생활 방식을 한시 바삐 버려야 할 종류의 고루한 것이라고 해석한다.

젊은이는 과거의 생활이나 사고방식을 이해하지 못한다. 그러나 이제 더는 젊은이를 탓할 수 없는 지경에 와 있다. 저마다 홍수처럼 쏟아지는 정보 속에서 별로 친하지 않은 이웃과 쫓고 쫓기며 치열한 생존 경쟁을 벌여야 살 수 있는 시대가 되었다. 시간을 향유하는 것이 아니라 시간에 쫓겨 내몰리는 사회에서 효도는 거추장스럽다. 복지가 발달한 사회에서는 아예 자식들 대신 국가가 효도를 대행해 준다.

불과 40~50년 전만 해도 우리는 한 마을에서 10촌까지 오순도순 살아가곤 했다. 할아버지의 경험은 자식과 손자들에게 쉽게 전해질 수 있었고, 그만큼 권위를 세울 수도 있었다. "애야! 빨래 걷어라, 비 올것 같다"라고 하면 틀림없이 비가 왔으니까. 노인의 경험을 자손들이 인정할 수밖에 없는 사회였다. 그런데 요즘은 상황이 정반대로 바뀌었다. 노인이 없어도 텔레비전에서는 시시각각으로 분석한 날씨 정보를 알려준다. 오히려 컴퓨터를 다룰 줄 모르는 노인이 손자에게 물어보아야 하는 처지다. 노인의 필요성이 줄어들어 간다. 아니, 이제 노인은 젊은이들의 자유를 침해하고 공연히 밥만 축내는 존재가 됐다. 어느 날 갑자기 사라져도 서러워할 사람이 없는 무의미한 존재. 자식이 아프면 가슴이 아프고, 부모가 아프면 골치가 아픈 세상이 된 것이다. 노인이 죽으면 온 동네가 협동해 떠들썩하게 장사 지내던 때도 있었다. 그런데 이제 죽음은 상조 회사의 '서비스'가 되어 장례식장에서 일사천리로 처리된다. 돈만 지불하면 모든 절차를 요식 행위로 마무리할 수 있다.

노인의 가치는 바닥을 치고 있다. 그것은 노인 스스로의 노력으로 높일 수밖에 없다. 그러나 그들은 무력하다. 희망 없고 덧없는 생명 연장은 청춘 시절에 벌어들인 돈을, 병원에 줘 버리고 떠나는 꼴이 된다. 이런 사회 환경에서 병으로 고생하면서도 장수하는 것이 과연 좋을까?

아기가 태어날 때는 주위의 많은 사람이 빙그레 웃는 가운데, 아기만 울면서 태어난다. 그가 장성한 후 노인이 되어 죽을 때는 인생을 정리한 후, 많은 사람이 우는 가운데서 혼자 빙긋이 웃음을 띠면서 죽을 수 있었으면 좋겠다.

1장

우리는 어떻게 죽음을 만나는가

종착역에 모인 사람들

목뼈를 다쳐서 말은 할 수도 없는 것은 물론, 팔다리마저 놀리지 못하는 사람을 치료한 적이 있다. 그는 단지 눈알을 돌리고 숨만 쉴 뿐이었다. 생각은 수없이 차오르는데 얼마나 말을 하고 싶을까? 방광에 호스를 넣어서 소변을 보고, 대변을 본 후 뒤처리를 다른 사람의 손에 맡기면서 얼마나 많은 수치심이 들었을까? 깨끗하고 점잖게 살아 왔다고 자부하는 사람들도 인생의 종착역에서는 예외가 아니다.

"꼭꼭 씹어서 천천히 잡수세요."

식사 시간이면 삼키는 힘이 약한 남편 옆을 할머니가 지킨다. 허파로 밥알이 한 톨이라도 넘어가 버리면, 폐렴 등이 발

병해 큰일이 생길 수 있기 때문이다. 몸에 힘이 거의 빠져 버린 데다가 열이 나게 되면, 거의 대부분 노인들은 저세상으로 가 버린다.

금년에 68세가 된 한 할아버지는 5년 전에 중풍을 앓았다. 그 후 치료다운 치료를 받지 못했고, 3년 전 요양 병원에 입원했을 때는 팔다리가 많이 굳어 있었다. 분명치 못한 발음으로 띠엄띠엄 말을 하는 그와는 대화가 겨우 가능한 정도였다. 또 어떤 노인은 얼굴이 푸석푸석하고 핏기가 없는 데다가 행동도 느렸다. 콩팥이 피를 잘 거르지 못한 탓에 혈관에 피가 제때 돌지 않아서 쉽게 더러워지고, 투석을 해야 했다. 일주일에 몇 번씩 수시간 동안 누워서 혈액 투석을 받는 사이 점점 야위어졌다. 급기야는 욕창을 방지하는 일이 급선무가 되었다.

관절 마디를 놀리면 기겁할 정도로 아파하는 노인도 있다. 간병사가 욕창 방지를 위해 몸을 돌리면, 연신 소리를 지른다. 엄살처럼 보이기도 하지만 골다공증 등으로 전신의 관절에 통증이 오기 때문이다. 그래서 조금만 꿈쩍여도 아픔을 느끼게 된다.

또 어떤 할머니는 모든 근육에 탈이 났다. 연하 근육이 약해 밥을 먹기가 어려울 뿐만 아니라, 소변을 참기 힘들어지고 다리 근육이 풀려 걷기가 매우 힘들어졌다. 그래서 나는 병실을 회진할 때마다 약도 처방하지만 침 삼키기 운동, 오줌 참기 운동, 다리 근육 힘 올리기 운동, 이 세 가지를 꼭 연습하라고 당부하곤 했다.

치매에 걸린 어느 할머니는 옆에 입원한 할머니를 계속 의심한다. '아마 저 할매가 내 돈을 훔쳐 갔을 것 같아!'라고 말이다. 그러다 나중에는 싸움으로 발전하고, 혐의를 받고 있는 할머니는 항변한다.

"훔치지 않았는데도 훔쳤다니, 억울해 죽겠어요!"

어느 할머니는 아침부터 밤까지 기도를 한다. 옆에 있는 할머니는 그 할머니의 중얼거리는 기도 소리가 매우 듣기 싫다고 한다. 그러다 보면 어느새 대부분의 할머니들이 기도하는 할머니에게서 등을 돌린다.

어느 기력이 쇠잔하여 움직일 수 없는 할아버지는 오늘도 짜증을 낸다. 대화가 전부 짜증 그 자체이고, 짜증이 곧 대화의 전부이다. 수명이 얼마 남지 않은 기간 내내, 대화는 모두 투덜거리는 내용이다.

이런 환자들을 보면 아무도 없는 곳에서 아사 직전에 있는 사람이나, 기계에 가슴이 압박되어 숨쉬기가 매우 힘든 채로 마지막 목숨을 부여잡고 있는 사람들의 신정을 생각해 보게 된다. 죽음 앞에 서 있는데도, 어느 누구도 자신의 입장을 알아주는 사람이 없는 경우 말이다.

대학생이었을 때 나는 학교에서, '생명은 귀중하다. 1분 1초라도 연장시켜야 한다'라고 배웠다. 대체로 대형 병원의 응급실 의사들이 이런 심정으로 치료에 임한다. 그러나 노인을 위한 요양 병원은 다르다. 이곳은 '얼마나 더 사느냐'보다 '어떻게 죽느냐'가 더 중요하다. 노인들의 수명 연장을 위해 노력하다 보면 노인은 그만 죽어 버리고, 자식에게는 치료비만 산더미 같이 남겨 주는 경우를 가끔 볼 수 있다. 하마가 물을 빨아들이듯, 죽으면서 집안의 돈을 몽땅 쓸어 가는 꼴이 되는 것이다. 마을에서 예쁘다고 뽐내던 여자, 힘이 장사라고 과시하던 남자, 장애자, 가난하게 살아 왔던 자, 한 푼 두 푼 자녀를 위해 저축하면서 어렵게 살아 왔던 자, 부자, 고관대작들 모두 한 가지 흡수 구멍으로 빨려 들어간다.

휴일이 되면 자식들이 손자 손녀를 데리고 문병을 많이 온다. 그러나 지금 문병을 받을 할아버지는 겨우 눈을 뜰 힘 밖에는 없다. 문병 온 자손들과는 한마디도 나누지 못한다. 다음 날 아침에도 역시 겨우 눈만 끔벅거릴 뿐이다. 그날 오후 노을이 지려는 저녁 즈음에 그의 숨소리는 약해지기 시작했다. 그로부터 수 시간 동안 약한 숨을 몰아쉬다가 결국 밤 12시경에 아들이 보는 앞에서 고개를 옆으로 떨어뜨렸다. 그렇게 그는 세상과 결별한 것이다.

사람에 따라 차이가 있으나, 보통 최후의 순간을 맞이하기까지는 며칠의 시간이 걸린다. 죽음으로 떠나는 긴 여행을 하기 위해, 행장을 꾸리는 시간인 셈이다. 마지막 시점이 다가왔다는 신호가 노인의 몸에 나타나면, 병원 측은 보호자에게 연락을 한다. 보호자에게는 죽어 가는 자의 수명이 제일 소중한 것이다. 이때 수명 연장을 위해 위장에 고무 튜브를 박아서 영양 공급을 하거나, 링거 주사를 맞기를 바라는 보호자들도 있다. 그러나 과연 이렇게까지 하면서 연장해야만 하는가? 아니면 잡다한 치료 행위를 하지 않고, 옛날 사람들이 인생을 끝낼 때와 같이 존엄하게 죽는 것이 좋을까?

대부분의 노인들은 입원해 있더라도 죽음만은 집에서 맞이하고 싶어 한다. 가족들이 인생을 좀 더 지혜롭고 행복하게 살도록 유언을 남긴 후에 죽고 싶어 한다. 그러나 이런 과정 없이 연명 치료에만 의지하게 되면 마지막 순간까지 미련이 겹겹이 쌓일 것이다.

병원에 몸담고 있으면서 죽어 가는 사람을 자주 접해 숙달되어 버렸지만, 나라고 죽음을 마냥 찬양하는 것은 아니다. 격랑이 치는 험한 세상을 하루하루 헤치면서 인생 동안 살아 온 것은 기적과도 같은 일이다. 그런데 삶이 이처럼 축복받아 마땅하다면 죽음 역시 존중받아야 하지 않을까? 노인이 늙어서 세상을 뜰 때 유가족들이 '어른이 이 험한 세상을 벗어났으니, 이 얼마나 기쁜가!'라고 기념할 수 있는 것도 한 방법이 아닐까? 이런 생각은 말도 안 되는 나의 넋두리일 뿐인가?

사는 문제가 곧 죽는 문제

죽음은 살아 있는 모든 생물들의 마지막 관문이고, 예외 없이 공평하게 찾아온다. 대부분의 사람들은 죽음을 생각할 때 질식해서 산소 공급이 안 되는 것, 절망의 극치, 불가피한 것으로 인식한다. 마치 문이 꽉 닫힌 콘테이너 박스 안으로 들어가는 것 같은 느낌을 갖는다. 휴지 조각에 희망이라는 단어를 써서 장작불에 던져 버리는 것과 같은 경우에 해당된다고 여긴다. 또한 죽음 이후를 알 수 없기 때문에, 혹시 온 산천이나 하늘을 기약 없이 떠돌지나 않을까 걱정한다. 어쩌면 종교가 생겨난 것도 고난 속에서 살아가야 하는 문제와, 죽은 후에 어디에 있을지 모르는 두려움을 해결하기 위해서였는지도 모른다.

우리는 죽음을 모든 것의 끝, 혹은 복잡한 삶의 문제들이 어떻게든 해결되는 시간으로 보기도 한다. 대단원의 막이 내리는 것처럼, 죽음으로 상황을 끝낼 수 있을 것 같다는 생각을 한다. 그래서 감당할 수 없는 큰 문제를 해결하기 위해 자발적으로 죽음을 택하거나, 다른 사람을 죽음에 이르게 하기도 한다. 그러나 사람이란 서로 얽혀서 더불어 살아야 하고, 다른 사람 없이 혼자서는 살아갈 수 없다. 그러므로 자살이나 타살은 문제 해결이 아니라 무책임하게 자신을 방기해 버리는 행위가 된다. 로마의 철학자 키케로는 '지혜로운 사람에게는 삶 전체가 죽음에 대한 준비 기간이다'라고 말했다. 그는 죽음을 지구 같이 무겁게 여겨서, 삶을 의미 있게 보내기를 바라는 마음에서 이런 식으로 표현한 것이다.

장례식장에 온 사람들은 마치 급조한 것처럼 근엄한 인상을 가지려고 일부러 노력한다. 또한 일상적인 대화 중에 '훌륭한 삶이란 어떤 것인가' 등의 문제를 이야기할 때는, 죽음이 삶의 한 부분인데도 애써 사각지대로 밀어내어 버린다. '품위 있는 죽음에 대해 부부간에 대화해 보았는가?'라는 질문에는 해 본 적이 '없었다'라는 대답이 64.9퍼센트였고, '있었다'라는 대답은 31퍼센트에 불과했다.

시간이 지날수록 죽음의 무게가 가벼워지고 있다. 예를 들어 인도 뭄바이에서는 주검을 쓰레기 치우듯 치우기에 바쁘다고 한다. 삶과 죽음이 헐값이 되어 버려서 외경심이 없어졌다. 빈소에서도 희희낙락한 풍경을 자주 볼 수 있다. 부담스러운 짐이 사라진 것 같은 표정들이다. 땅을 치고 통곡하는 소리는 다 옛날 이야기이다. 삶이 삶답지 못했기 때문에 죽음도 가치를 잃어버리게 된 게 아닐까.

국가에서는 죽음을 정책적으로 다루어야 하는 사회적인 현상으로 본다. '오늘의 사건과 사고'와 함께 평균수명을 분석하고 사망률을 복지 국가 수준으로 만드는 데 중점을 둔다. 통계 숫자의 조절에 초점이 맞추어진 이런 죽음에 대한 이해는 '죽음관觀'이 아니고, '죽음에 접근하는 얕은 지식'의 수준에 머물 뿐이다.

나의 죽음이 존중받지 못하면 나의 삶 또한 평가절하되고, 그 가치가 추락한다. 사람 구실을 하기 위해서는 죽음에 대해서 무게를 두어야 한다. 그러려면 우리는 가치 있는 인생을 만들려고 노력해야 한다. 알퐁스 데캔은 '죽음의 문제를 마주 대하는 것은, 동시에 삶의 문제를 탐구하는 것이다'라고 말했다. 삶과 죽음이 합치면 '커다란 삶'이 되므로, 죽음도 삶의 일부로 인식하고 내팽개쳐서는 안 된다.

우리는 멀리 있는 죽음에 대해서는 잘 설명할 수 있다. 그러나 바짝 내게로 닿아오면 점점 모르게 되는 것이 죽음이다. 특히 가족의 죽음은 언어로 설명이 가능한 지식으로서의 죽음이 아니라, 살아 있는 자의 '실존적 고뇌로서의 죽음'이 된다.

부모와 자식의 죽음에도 '당연함과 당연하지 않음'이라는 차이가 있다. 부모의 죽음은 당연할 수 있지만, 자식은 일생간 가슴에 묻고 살아야 하기 때문이다. 배우자의 죽음도 슬픔이 넘쳐나지만, 실제에 있어 자신의 죽음이 아니다. 자신의 죽음에 봉착하면 어느 것으로도 설명할 수 없다. 죽음이 점점 내게로 닥쳐옴을 확실히 느낀다면, 아무리 재산이 많아도 그것은 의미가 없어지고 텅 빈 마음이 된다. 타인의 죽음은 사망자의 통계에 1을 더하는 것에 불과한데도, 자신의 죽음은 온 천하가 푹 꺼지고, 내리 뭉개지는 것 같이 느낀다. 존재의 없어짐은 무엇으로도 설명이 불가능하다. 살면서 세상에 좋은 일을 못했으면서도, 오직 신에게 천국에 갈 수 있도록 빌 뿐이다.

어떤 죽음이든 우리는 지식으로서가 아니라 실존적 고뇌의 수준까지 끌어 올려서 받아들여야 한다. 이를 위해서 우리는 죽음을 '마지막 남은 신비와 외경'으로 여기고, 죽음 이후의 문제를 내 정서 속에 담을 수 있도록 가치 있는 '죽음관'을 가져야 한다. 그래야만 죽음을 값싸게 여기는 문화의 소용돌이 속에서 나 자신을 건져 낼 수 있겠다.

마지막 순간만은
품위 있게

노인들이 요양 시설에 입소하는 동기는 주로 '혼자 사는 불안'이 제일 많고, '가족과 동거하기 곤란하다'는 점이 그 다음 이유다. 입원한 노인들은 때로는 고독감을 이기지 못하고 한밤중에 간호사를 부르기도 한다. "당신은 집에 갈 수 있어서 좋겠네요. 가족들은 모두 나를 피하는 것 같아요. 여기엔 아무도 오지 않았어요. 밤이 되면 가슴이 답답하고 힘이 들어 죽겠어요"와 같은 말들을 쏟아 낸다.

한 노인은 요양 병원에서 입원 치료를 하는 도중에 암선고를 받았다. 그는 항암 치료를 위해 종합병원에 입원하려고 요양 병원을 퇴원했고, 4개월 후에 요양 병원으로 다시 돌아왔다. 그가 바싹 말라서 쇠잔해진 모습으로 나에게 끔벅 눈인사를 한다. 4개월 동안 시시각각으로 다가오는 죽음 앞에서, 그는 어떤 기분으로 살아 왔을까?

폐암에 걸린 어느 할아버지는 만일 자신이 다시 예전처럼 살 수 있다면, "전국 금연 협회 회장을 맡아서 활동하고 싶다"라고 말했다. 결국 그 할아버지는 돌아가셨다. 며칠이 지나 할머니는 집 바로 앞에서 할아버지의 모자를 발견하고는 그것을 주워서 울면서 집으로 가져갔다. 그것은 남편을 상징한다고 하면서, "잘 간수해야지!"라고 했다.

노년의 모습은 '살아온 인생의 총결산'이다. 그의 얼굴은 이력서가 된다. 젊은이에게 요양 시설은 인생의 학교이고, 노인들은 교과서가 된다. 노인이 죽는다는 것은 도서관 한 채가 불타 버린 것과 다를 바 없다.

지금과 같은 장수 사회에서는 치매를 앓는 노인이 점점 증가하고 있다. 누구에게나 똑같은 길이의 하루이지만, 노년의 하루는 무겁게 흐른다. 신은 늙어서까지 머리가 맑으면, 삶이 매우 지루하리라고 여기는 것 같다. 그래서 머리를 혼돈에 빠뜨려 시간의 흐름을 감지 못하게 치매를 주셨나 보다. 이런 상태에서 이들은 천국으로 한걸음 한걸음 다가간다.

치매에 걸린 노인들이 사고만 치는 것은 아니다. 앞뒤가 맞지 않는 이야기를 하는 것을 보면, 순진한 어린이로 돌아간 것 같기도 하다. 유아의 상태와 같아서 죽음과 대결할 필요도 없고, 인간의 고뇌에서 탈피한 모습이다. 욕심이나 허식이 없다.

치매는 증상에 따라 하루 종일 말이 없는 우울형, 혼자 떠들어대는 불안형, 전혀 엉뚱한 말을 하여 정신과 약을 복용하는 정신 이상형 등으로 나뉜다. 치매 노인이야말로 인간의 손길과 치료 약제가 합해져야만 치료될 수 있다. 그중에서도 식사와 배변이 가장 큰일이다. 누가 자신의 대변을 남에게 의탁하고 싶겠는가! 자신의 소변을 기저귀로 또는 호스를 박아서 처리하기를 원하는 사람은 아무도 없을 것이다.

대체로 요양 병원의 노인들은 어느 정도 죽음을 각오한다. 특히 고통 없는 죽음을 부럽게 생각한다. 죽음은 모든 것의 끝이니까. 끝이라는 것은 좋든 나쁘든, 어떤 결론이 나거나 해결되는 순간이니까 말이다. 직업상 죽음을 상시로 접하는 나 역시 마찬가지다. 70살인 나에게 죽음은 남의 이야기가 아니다. 살아오면서 가끔 의문이 생기지만 아직도 정답을 찾지는 못했다. 병으로 긴 고생을 하더라도 장수하는 것은 과연 기쁜 일일까? 노년의 지루함과 무력함은 어떻게 대비해야 할까? 삶의 마지막에 후회를 적게 하려면 어떻게 살아야 할까?

1997년 12월. 서울 보라매 병원의 한 의사가 살인 방조죄 처벌을 받았다. 그는 넘어진 환자의 보호자를 찾지 못한 상태에서 환자가 위독해 수술을 먼저 했다. 그 후 보호자를 찾았지만 보호자는 퇴원하겠다고 했다. 퇴원을 하면 환자가 죽게 된다고 설득했으나, 계속 퇴원을 원해 '이후에 어떤 일이 일어나도 병원에 책임을 묻지 않겠다'는 서약을 받은 후 인공호흡기를 달고서 퇴원하게 됐다. 결국 집에까지 따라간 의사가 호흡기를 떼자 환자는 바로 사망했다. 법원은 죽을 것을 알면서도 호흡기를 뗀 의사에게 죄가 있다는 입장이었기 때문에, 의사는 살인 방조죄로 처벌을 받게 되었다. 입원을 하다가 집에서 죽음을 맞이하려는 행동이 잘못하다가는 죄가 될 수 있는 것이다.

의사는 연명 치료중에 인공호흡기를 제거할 수 없다. 어떤 의사들은 "나도 하루아침에 살인자가 될 수 있다"라고 말한다. 그래서 최대한 죄 없이 살아가려고 방어 진료를 하게 된다.

연명 치료를 받아들이는 다양한 입장들에 대한 사례는 이뿐만이 아니다. 한 할머니가 급히 앰뷸런스에 실려 응급실에 들어왔을 때의 일이다. 할머니는 이미 기관지로 인공호흡을 하고, 코로 음식을 받아들여야 하는 상태였다. 할아버지는 할머니를 집으로 데리고 가고 싶었으나, 병원 측은 만류했다. 할

아버지는 밤중에 끝내 기관지에 있는 기구를 가위로 끊었고 할머니는 얼마 못 가 사망했다. 할아버지는 징역 3년에 집행유예 5년의 형을 받았다. 할아버지는 "하늘나라에 가서 산소호흡기 없이 편하게 숨 쉴 수 있기를 바랄 뿐이었다"라고 말했다.

때로는 생각지도 못한 이유로 보호자가 연명 치료 중단을 요구하기도 한다. 간암과 간 경변 말기로 진단을 받은 할머니가 급하게 병원에 입원했다. 간병을 하던 딸은 '어머니는 연명 치료를 원하지 않았다'라고 했고, 의사가 생각해 보니 어느 정도 타당성이 있었다. 결국 할머니는 인공호흡기를 제거한 후 약 1일 내에 사망했다. 아들은 간병을 했던 누나를 '친족 살인죄'로, 담당 의사를 '살인죄'로 고발했다. 아들은 '호흡기를 사용하면 살아날 수 있었는데…'라고 주장했다. 그런데 아들이 누나와 의사를 고발한 것은 깊은 효심 때문이 아니었다. 알고 보니 할머니가 돌아가신 후 남매 간에 유산 배분 문제가 있었단다. 조용히 돌아가시게 되면, 배분은 1대1이 되니 아들은 임종 전에 어머니에게 더 많은 재산을 물려줄 것을 설득할 생각이었던 것이다. 어딘지 씁쓸하다는 느낌이 든다.

과거에는 감염 등으로 많은 사람이 젊은 나이에서도 사망했으나, 지금은 항생제 등으로 치료가 가능하여 대부분 장수

한다. 그래서 현재는 90퍼센트 이상이 암, 고혈압, 당뇨 등의 만성 질환으로 오랫동안 지루하게 고통을 당하다가 사망한다. 이 때문에 존엄사에 대한 논란이 점점 커지게 되었다.

암 센터의 여론조사에 따르면 품위 있는 죽음(존엄사)에 대해서는 87.5퍼센트가 찬성을 했고, 사전 의료 지시서에 대해서도 92.8퍼센트가 필요하다고 응답을 했는데, 이는 죽음과 관련된 고통과 부담이 매우 크다는 것을 반증하는 것이다. 말기 환자에게 지출되는 의료 비용은 의료 재정에 상당한 부담이 되는데, 과연 돌봄^{care}이 아니고 밑 빠진 독에 물을 붓는 격이 될 수도 있는 치료^{cure}를 해야 하는지 의문스럽다. 임종 환자가 있는 상당수의 집에서는 간병을 위해 가족이 직장을 그만 두는 등, 생활에 큰 변화가 일어나기도 한다. 이때 한 사람이 죽음에 이르기까지 남은 가족들은 가계 경제에 적지 않은 타격을 입게 된다. 저축의 상당 부분이 치료비로 소비되어 생활고에 허덕이고, 집안 내 젊은 가족들은 어쩌다 병을 얻어도 치료를 미루어야 하기도 한다. 임종 전 1년 동안 지출되는 총 의료비의 40~50퍼센트가 임종 전 2개월 안에 소비되고, 임종 전 1개월간에는 30~40퍼센트가 소비된단다.

이 모든 지출이 중환자실 입원, 인공호흡기 사용, 심폐소생술 등 거의 불필요할지도 모르는 치료에 쓰인다. 사실상 말기에는 질병을 완치하거나 제거할 수 없기 때문에 큰 의미가 없고, 단지 고통의 시간만 조금 늘리는 정도일 뿐인데도 말이다. 게다가 이런 노인이 많은 병실을 차지한다면, 일반 젊은 환자는 조기 퇴원을 권유받을 수도 있다.

품위 있는 죽음이란, 죽음이 임박한 환자의 생명을 의도적으로 단축시키는 것이 아니다. 단지 의학적으로 무의미하다고 판단되는 기계적 호흡 등, 생명 연장 치료를 중단하는 것을 말한다. 죽음을 자연스럽게 받아들이는 것이다. 통증이나 덜어 드리면서 돌아가시기를 바라는 것이 순리 아닐까.

애초에 존엄사 논란의 시초는 주로 통증이나 우울, 또는 삶의 무의미 등의 해결책을 찾는 것에서 출발하였다. 의료인들은 환자의 질병을 치유하거나 생명을 연장하도록 교육을 받는다. 그래서 회복이 불가능하고 죽음이 예상되어도 인공호흡기 등 최신의 의료 기술을 써야 하는 것으로 알고 있다. 즉 과거에 자연적인 것으로 여겼던 사망 과정이 치료 분야에 포함되어 많은 비용 부담이 되고 있는 것이다. 의사는 자신이 돌보던 환자에게 죽음의 정서적, 영적, 사회적 의미에 초점을 두기 보다는, 의학적으로 질병 치료와 검사 등 결과의 호전에만 집중한다. 임종 환자 진료의 가이드라인이 편향되어 있는 것이다.

여러 나라에서는 호스피스 완화 의료가 말기 암 환자의 삶의 질 향상에 가장 이상적이라는 데 동의하고 있다. 하지만 우리나라에는 아직 신체뿐 아니라 정신과 영적인 면을 돕는 호스피스 완화 의료 인력이나 시설에 대한 법적인 시행을 시작하는 단계에 있다. 호스피스 완화 의료를 활성화하기 위해서는 생활이 어려운 사람들을 위한 세제 혜택이나 말기 환자를 위한 재정적 지원, 공익재단 설립이나 예산 지원 확대, 그리고 호스피스 제도의 건강보험 인정 등을 시행할 필요가 있다(다행히도 호스피스 제도는 금년 7월부터 보험에 인정되었다). 또한 일반인들에게도 죽음이란 무엇인가에 대한 올바른 인식과 품위 있는 죽음에 대한 공감대를 심어 주고, 사회적인 합의를 도출하기 위한 홍보에도 적극적으로 나서는 것이 좋겠다. 이를 통해 어린이에서부터 청년, 장년을 거쳐 노년으로 이어지는 보건의료 정책의 마지막 부분을 호스피스와 함께하는 임종으로 장식하는 것은 어떨까.

김수환 추기경의 경우에는 사전 의료 의향서를 작성하지 않았다. 그의 가치관은 '의미 없는 생명 연장을 위한 조치는 아무 것도 하지 말라. 인공호흡기는 절대 안 된다'였다. 의사들이 연명 치료를 하지 않아도 좋다는 보호자의 서약을 부탁했더니, 정진석 추기경이 나서서 "내가 책임지겠다"라고 했다는 얘기가 있다.

　누구나 죽을 때가 되면 가족들이 눈물을 흘리는 가운데 자신의 집에서 죽고 싶지 않을까? 지나온 생을 회고하면서 웃으며 저세상으로 떠나는 것이야말로 품위 있는 죽음이 될 것 같다.

이별은 뜻하지 않게
찾아온다

　가까운 사람의 죽음일수록 마음에 전해지는 충격은 더 큰 모양이다. 성실하고 착실하게 살아가던 친구 아들이 갑자기 세상을 떠났다. 3일 전에 만났을 때만 해도 그토록 쾌활하게 웃었는데……. 아직도 귓가에 그 목소리의 울림이 남아 있는 것 같은 어느 아침에, 사고로 인한 부고 소식을 들었다.

　그는 좋은 대학을 나온 후 뜻한 바가 있어서, 한의대도 졸업했다. 집안은 빈한한 편이었지만, 공부에 대한 열성이 대단해 다른 사람의 모범이 되었다. 세상의 온갖 협잡이나 욕망과 자주 접촉하는 일반 사람들도 처자식과 남부럽지 않게 살아가는데, 하필이면 가난을 딛고 성실히 공부를 계속하던 그가 결혼도 하지 못하고 죽다니…….

그의 가족이나 친구들은 죽음 앞에서 망연자실한 표정이었다. 아버지의 직장 수입으로는 생활하기에 빠듯하여, 어머니는 시간이 날 때면 대리 운전을 하면서 생계를 도와 왔다. 주변의 사람들도 충격을 받아서 반쯤은 얼이 빠져 있다.

저마다 삶에서 한 맺힌 이야깃거리가 있다. 특히나 이런 갑작스러운 이별에 직면할 때, 남아 있는 보호자에게 나는 '마음 놓고 펑펑 울어 버려라!'라고 권하고 싶다. 세상은 복잡하다. 아침에 출근했다고 해서 저녁때 살아서 돌아온다는 보장이 없는 사회가 되었다. 언제 어떤 일이 닥칠지도 모른다. 하지만 죽음은 남의 문제라고 생각해 버린다. 젊어서는 신나게 즐기면서 살고, '나이가 차면 그때부터 성실하게 살아야지'라고 생각한다. 또는 '다 죽어도 나만은 괜찮겠지'라고 생각한다. 그렇지 않다. 내일 일은 알 수가 없다. 그래서 '미래는 알 수 없음未來不可知'의 진리를 깨달아야 한다. 한 치 앞도 알 수 없기에, 우리는 매일의 삶을 유언을 남기듯이 성실히 살아야 한다. 개개인의 능력으로 해결할 수는 없기 때문에, 일찍부터 죽음을 준비해야 한다. 죽음은 인생을 정리하고 성장할 수 있는 최후의 기회이다. 스스로의 죽음을 준비하는 것도 중요하지만, 주위의 사람들과 이별을 하는 연습도 필요하다.

죽음에는 거룩하고 귀한 죽음과 일반적인 죽음, 또는 천한 죽음이 있다. 우리 삶의 뒤에는 죽음이 연결되어 있기 때문에, 의미 있는 삶을 살아야 좋은 죽음으로 연결된다. 그러므로 아무렇게나 살 수 없다.

성경의 『열왕기』에는 아합이라는 왕의 이야기가 나온다. 처음에는 정치를 잘하다가, 그 후 모든 권력과 부를 자신의 소유로 만들었다. 그가 지닌 부귀공명이 영원할 줄 알았는데, 어느 날 아합은 전쟁터에서 화살에 맞아 죽었다. 황금마차를 타던 임금은 시체가 되었다. 전쟁 중이어서 죽은 후에는 짐을 싣는 수레에 실려 운구되었다. 길 위에 흥건히 흘린 피를 개들이 핥아 먹었다. 아합의 아들인 후계자 요람 또한 포악하고 덕이 없어서 신하가 쏜 화살에 염통을 맞아 죽었다. 시체는 아버지가 가난한 소유주로부터 강제로 빼앗은 포도밭에 버려졌다. 아합의 남은 아들 70명은 그들을 가르치는 궁중의 스승들에 의해 전부 죽임을 당했다. 그들은 목이 잘렸고, 길거리에는 70명의 머리가 쌓였다. 인생을 함부로 살았기 때문이다.

한편 요람의 어머니 이세벨은 제멋대로 섭정을 하다가 그녀를 섬기는 내시들에 의해 창밖으로 던져졌다. 개들은 두골, 손비닥, 발을 제외한 그녀의 살점을 모두 먹어 치웠다. 남겨진 이세벨의 부위들은 우리에게 의미를 던져 준다. '손바닥은 뭘

53

잡고 살았느냐? 발은 어디를 돌아다녔느냐? 안테나인 머리는 인생의 주파수를 어디에 맞추고, 뭘 의도하면서 살았느냐?'라는 질문을 던져 준다. 그 해답은 이렇다. 우리는 땅에 살지만, 머리는 하나님께 주파수를 맞추고, 손은 의로움을 붙잡고, 발은 진리를 따라 걸어야 한다는 것이다.

어떤 이에게 갑자기 언제 다가올지 모르는 죽음이 닥친다면, 그는 어디로 가게 될까? 그는 아마도 고향으로 돌아가지 않을까? 죽음은 좋은 곳으로 떠나는 여행이고, 새 옷을 갈아입는 것이다. 죽지 않으면 새 옷을 입어 보지 못한다. 항상 헌 옷만 입게 된다. 이로 보아 새 옷을 입기 위해서는 먼저 때묻은 옷을 벗어 버려야 한다. 안 죽는 것보다 더 큰 저주는 없다.

우리는 그동안 고수해 오던 생각을 뒤집어야 한다. 평소에 갈망하던 부귀나 명예로 통하는 길과는 반대 방향으로 걸어가야 한다. 죽음을 대범하게 볼 수 있는 건전한 정신이 중요하다.

죽음은 인생을 마지막으로 정리할 수 있는 절호의 기회이다. 살면서도 죽음을 연습하면서 좋은 이별을 준비하는 자는 남에게 좋은 영향을 줄 수 있다. 그는 삶의 자취를 아름답게 남길 수 있다. 일찍부터 죽음을 준비하라. 작자 미상의 글로 마친다.

이글거리던 태양도 낮이 가면 지고,

탐스런 둥근 달도 새벽이면 사라진다.

영롱한 아침 이슬도 해 뜨면 없어지고,

절세미녀도 늙으면 추해진다.

있는 것은 없어지고, 왔던 것은 가 버린다.

누구도 대신
죽어 줄 수 없다

죽음에 대한 견해는 산만할 정도로 다양하다. 각 민족의 전통 사상, 종교, 그리고 첨단을 걷고 있는 현대 과학 등에서는 죽음에 대한 수많은 견해들을 내세운다. 이로 인해 어안이 벙벙하고 혼란이 와서 정리가 잘 된 생각이나 개념을 찾아보기가 힘이 든다. 어쩌면 평균수명이 늘어난 요즘에는 죽음에 대해 생각할 시간이 많아져서 더 그런 것인지도 모른다.

노인이 되면 신체 기능이 저하되고 기억력이 떨어진다. 반응 속도가 느려지면서 융통성마저 줄어든다. 그래서 생각을 잘 바꾸려 하지 않고, 정보 처리 속도도 더디다. 자기중심적으로 생각해 버리는 경향이 늘어나고 의존성과 조심성이 증가

하기도 한다. 대체로 내향적이고 소극적으로 변해 대인관계가 위축되는 등의 공통점을 가지게 된다. 점점 죽음에 가까워지는 것이다.

생물학적인 관점에서 보면 생명은 세포의 끊임없는 생성과 소멸이 반복되어 노화되어 죽고 새 생명이 태어난다. 그들의 자손들은 이런 과정을 이어받아 노력하면서 인류의 문화를 발전시켜 왔다. 사람들은 죽음을 싫어하지만, 만일 생명이 죽지 않는다면 지구는 노인들로 넘쳐나고, 그들의 악행도 역시 계속될 것이다. 그래서 죽음은 존재할 필요가 있다. 중요한 것은 죽음의 극복이 아니고, 얼마나 좋은 죽음을 맞이하는가 하는 점이다. 인간은 탄생하는 순간 운명적으로 죽음을 잉태하고 있다. 산다는 것은 결국 죽음을 탄생시키기 위한 긴 임신 기간이다.

우리가 죽음을 두려워하는 가장 큰 원인은 알 수 없는 세계에 대한 인간 본래의 원시적 공포primitive fear 때문이다. 그 다음으로는 사랑하는 가족이나 친지를 잃어버린 후에 찾아오는 무시무시한 고독, 자기 자신을 지배하는 능력을 상실하는 데서 오는 두려움, 가족이나 사회에 부담을 주지는 않을까 하는 불안 등이 따른다. 이런 죽음에 대한 두려움이 과하면 정상적인 정서 활동에 방해를 받기 때문에, 적정 수준까지는 완화할

57

필요가 있다.

죽음의 공리는 '누구나 죽는다. 언제 어디서 어떻게 죽을지를 모른다. 살아서는 아무도 경험하지 못하고, 아무도 대신 죽어 갈 수 없다'라는 것이다. 그러나 만일 우리가 후손들에게 '죽음을 숙명으로 받아들이기보다는 스스로 준비해서 적극적으로 맞을 수도 있다'라는 인식을 심어 줄 수 있다면, 그들은 더 좋은 죽음을 맞이할 수 있을지도 모른다. 이는 먼저 죽음을 경험하는 노인들이 해 줄 수 있는 교육인 셈이다.

일반적으로 죽음이란 자신에게는 몸의 부재^{不在}, 즉 몸이 없어지는 것이고, 사회적으로는 개체가 흔적 없이 사라지는 것이다. 각자는 저마다 인생을 살아가면서 자신만의 고유한 삶의 형식을 가지게 된다. 여기에 '생의 내용'을 채워서 삭히고 녹이게 되면, 기본적인 틀[本]이 만들어진다. 인간은 죽은 후에 그 틀을 가지고서 좋았는지 나빴는지를 심판받기 위해 하나님의 면전으로 나아간다. 이때 좋은 틀을 가지고 가려면, 죽음을 의미 있는 것으로 만들어 가려는 노력이 필요하다.

장수로 길어진 인간의 삶에서 늘어난 것은 청년기나 장년기가 아니라 노년기이다. 길어진 노년에게는 특히 '죽음의 자리에서 삶을 바라보는 교육'이 필요하다. 죽음을 준비하는 교육, 그것은 보다 잘 살기 위한 훈련이기도 하다. 죽는 순간까지 정상적 활동을 하기 위해 애쓰고, 사랑을 실천하고, 깨끗한 음식을 먹고, 스트레스를 줄이고 규칙적 운동을 하면서 살아야 한다. 그러다 어느 순간 자신을 마음대로 하지 못할 때가 되면, 그것은 마지막이 가까이 왔다는 신호다. 너무 늦기 전에 살아온 삶을 정리해 보아야 한다.

살아가는 동안에 아무리 많은 행복과 기쁨을 나누었더라도, 죽으면 만날 날을 기약하지 못하는 영원한 이별이 되어 버린다. 몸을 이루던 물질들이 화학 분자로 잘게 흩어져서 대지로 돌아간다. 그때가 되면 상호 간에 얽히고설킨 여러 문제들을 풀 기회를 갖지 못하게 된다. 더 늦기 전에 행복의 반대편에 있는 정한情恨도 잘 다스려서, 화해와 용서로 매듭을 풀어야 한다.

인간이 느낄 수 있는 가장 슬픈 감정은 지나간 일을 후회하는 것이다. 눈을 감기 전에 후회로 가슴이 저미는 일이 없도록, 지금이 마지막 순간인 것처럼 사는 것도 중요하다. 용서받고 싶은 것, 용서하고 싶은 것들이 있다면 생각해 두었다가 화해의 순간에 잊지 말고 말을 꺼내야 한다. '용서합니다. 감사합니다. 사랑합니다'와 같은 말들은 하늘까지 직통으로 울릴 수 있는 힘을 가지고 있다.

이런 인생이든 저런 인생이든 가치는 똑같다. 깨끗한 돈과

구겨진 돈도 같은 단위이면 똑같은 물건을 살 수 있듯이, 어떻게 살든 인생의 무게와 가치는 동일하다. 각자는 모두 소중하고도 귀한 생명의 가치를 가지고 있다. 이제까지야 어떻게 살아 왔든, 저마다 정신적, 사회적, 신체적인 면 등에서 성공적인 노화를 통해 균형 있고 조화된 삶을 살아야 한다. '더러운 것이 있을 때 그것을 깨끗이 닦지 않으면 계속 그 안에 남아 있다'라는 말이 있다. 더러운 것을 씻어 내는 것이 바로 화해이고, 용서이다.

사라진 죽음의 풍경들

노인 병원의 매일은 죽음과 관계가 있다. 그렇기 때문에 나는 긍정적인 마음을 먹다가도 사람이 의당 죽어야 한다는 사실이 왠지 서럽고, 삶 전체가 무의미하고 공허하게 생각된다. 하늘을 보아도 산을 보아도 마냥 허전하여, 불안하고 슬픈 생각만이 머릿속에 가득하다. 이런 생각을 독일의 철학자 하이데거는 '인간의 근본적인 불안'이라고 했다. 우리는 당연히 죽는 것을 알면서도 죽음을 애써 모르는 척 외면해 버리거나, 먼 훗날에나 생각해 볼 일이라고 미루어 버린다. 말하고 싶어 하지 않는다. 아마도 죽으면 존재하지 않으므로 논의해 보았자 소용이 없기 때문일까? 죽음을 언제든 닥쳐 올 수 있는 것으로 확신하려 해도, 그것은 잠시 내 머리에 머물 뿐이다.

죽는다는 것은 정상에서 벗어나는 상태이고, 무언가 잘못되고 있다는 뜻을 가진 것으로 사람들은 생각한다. 그래서 '노인과 죽음'에 대해 연구한다고 하면 '노인을 연구하는 것은 이해가 되지만, 하필이면 죽음을 포함시키느냐?'라고 사람들은 반응한다. 무덤도 마찬가지로, 이야기를 꺼내면 사람들은 대화를 피하려 한다.

아마도 그 이유는 죽음에 대한 두려움 때문일 것이다. 누구도 경험해 보지 못한, 아무도 증명해 내지 못한 미지의 땅, 적막 속에서 홀로 훌훌 떠나는 길, 모든 것과의 이별하여 영원행 버스를 타는 시간, 영화 상영 도중에 필름이 끊어져 캄캄해진 그때의 심정 등으로 공포를 자아내는 것이 죽음이다. 이런 여러 가지 생각이 뒤섞여서 우리는 죽음을 두렵고, 찝찝하고, 깨끗하지 못하며, 뭔가 잘못된 것으로 생각하여 말로 표현하는 대화나 생각의 범위에서 밖으로 애써 밀어내 버린다.

다른 이의 죽음도 피하려는데, 자신의 죽음은 어떻겠는가. 하지만 그렇지 않다. 누구나 죽는다. 나도 죽는다. 아니, 사람을 포함한 모든 생명체는 전부 유한하다. 죽음은 남의 일이 아니다. 다만 영생을 믿는 자만이 죽음을 새로운 생명이 탄생되는 중요한 전환점으로 생각할 뿐, 다른 이에게는 영원한 끝이 됨으로, 죽음은 그의 평생에서 가장 높고도 깊은 분기점의 역할을 한다.

죽음을 오래 연구한 학자들은, 죽음을 생각하는 것이 곧 삶을 깊이 생각하는 것이라고 말한다. '메멘토 모리(너의 죽음을 생각하라)'라는 것도, 죽음보다는 너의 삶을 죽음에 비추어 생각하라는 것이다. 죽음에 비춰 보고서 너의 삶을 어디에 방점을 둘지를 생각하고, 우주의 진리에 순응하여 인간의 역할을 다 하라는 것이다.

죽음에 대한 개념은 그 시대의 문화유산이다. 죽은 사람을 처리하는 방식은 시대마다 지역마다 다르게 나타난다. 신석기 시대에는 양지바른 곳에 묻기도 하고, 멀지 않은 옛날에는 아기가 죽으면 하늘로 잘 올라가도록 거적때기에 둘둘 말아서 나무에 달아 두었다고 한다. 몽골에서는 광활한 광야에 내다 버리고, 티벳에서는 험준한 산곡에서 독수리 밥이 되게 하고, 불교에서는 스님을 화장시킨다. 달라이라마는 죽음을 '헌 옷을 버리고 새 옷을 입는 것'으로 생각할 뿐 종말로 보지 않았다. 이들은 모두 자연과 함께 어우러지는 방식으로 장사를 지냈다.

만일 우리가 죽지 않고 영생을 한다면, 서로 거짓말을 하면서 타인을 속여야 하는 이 세상을 영원히 보아야 하는 고통을 당한다. 그러면 영생은 죽음보다도 더 끔찍할 수도 있다. 만일 하나님이 사람들에게 "더 살고 싶으냐?"라고 물으면, 젊은 사람들은 "다시 태어나고 싶어요"라고 할 것이지만, 늙은이는 "몇 년 정도는 더 살고 싶지만, 다시 태어나고 싶지는 않습니다"라고 할 것이다. 왜냐하면 늙도록 살아 보니까, 온갖 고생만이 연속되는 것을 경험했기 때문이다. 속고 속이면서 사는 것이 쉽지 않았기 때문이다. 그래서 죽음도 약간은 긍정적으로 바라볼 필요가 있다. 죽음은 흩어져 버리거나 소멸하는 것이 아닌, 새로운 존재의 시작으로 인식되던 때도 있었다. 그러나 이제는 장례라는 절차를 통해 화장을 하거나 황급히 땅에 묻어버린다. 간소한 예식부터 전체 장례의 방식은 자본주의적으로 처리되고 있다. 그 과정이 매우 건조하고 메마르다.

전통적인 방식의 죽음은 삶이 이뤄지던 공간인 집에서, 함께 살아 왔던 가족이나 마을 사람들에 의해 이루어졌다. 집은 산 사람 뿐만이 아니고, 죽은 사람도 같이 머무는 공간이다. 자신이 기거하던 방에서 숨을 거둔 후, 집에서 이뤄지는 상례는 자연스럽게 죽음을 삶의 한 부분으로 인식토록 했다. 이런 생각을 가지고 있어서, 얼마 전까지도 우리 사회에서는 입원을 했다가 임종 때는 집으로 옮기곤 하는 일이 종종 있었다. 삶과 죽음은 단절되지 않았다. 죽음은 존재의 끝이 아니라, 오히려 또 다른 삶의 시작으로 여겼다.

민속 관행에서 상을 당하면 상주는 애고哀告하고, 다른 이는 어이唯唯하면서 곡을 한다(이 단어들은 중국어에서 따 왔다고도 한다). 상주는 물론 슬퍼하지만, 문상객은 호상일 때 '상주를 웃겨야 잘하는 문상이다'라는 말이 있다. 이런 축제 분위기는 오랜 역사를 가지고 있다. 이미 고대부터 초상에는 곡과 읍을 하지만, 장사 지낼 때는 춤추며 풍악도 울린다고 기록되어 있다.

조선시대에도 장례 때 음주와 가무를 하고, 피리 불면서 애통해하지 않았다고 투덜대는 기록이 있다. 거기에는 또 스님과 잡인들을 크게 모아 놀이를 하면서 밤새도록 술을 마셔서, 그 비용이 엄청나게 많이 들어갔다는 언급이 있다.

이런 상갓집 풍경은 발인 전날에 행해진 상여놀이를 통해서도 이어져 왔다. 문상을 하면서 곡을 하는 체 하다가 욕설이나 농담을 하거나 병신춤을 추기도 하고, 상스런 내용의 노래를 부르거나 평소에 하지 않던 우스갯짓, 또는 재담 등으로 밤을 보냈다. 놀이판과 상갓집의 구분이 안 될 정도로 축제 분위기가 자연스러웠다. 다만 두려운 것은 어린 나이나, 미혼으로 죽거나, 불행한 뜻밖의 사건 사고로 인한 죽음 등이었을 뿐, 적당한 나이에 자신을 기억할 가족을 남기고 가는 자연스런 죽음은 전혀 두려운 것이 아니었다.

호상의 경우 가족 친지 마을 사람 모두 음식과 술을 즐겼고, 춤과 노래, 놀이가 어우러진 축제의 모습이었다. 각종 장식과 온갖 색의 다양한 꽃들로 만들어진 밝고 화려한 꽃상여에 실어가는 죽음을 완전히 떠나감이 아니라 새로운 존재, 즉 조상으로서 다시 가족으로 돌아오는 과정으로 보았다. 상두꾼이 상여를 메고 나갈 때 상엿소리가 있다. "간다 간다 나는 간다 북망 산천 나는 간다"라고 앞소리꾼이 구성진 소리를 내면 상여꾼들은 "너호 너호 에이넘차 너호(사투리로 어화야 어화야 어기넘차 어화야)"라는 뒷소리를 잇는다. "내가 가면 아주 가나 저승길에 만나 보재이" 또는 "혼자 남은 너거 어매 생고생도 많이 했데이" 등 어쩌면 한풀이와 흥을 돋우는 소리를 내면서 묘지로 향하는 것은, 일종의 노동요도 되지만 의식儀式을 행하는 노래가 되기도 한다. 이런 방법으로 주위에 인사할 사람에게 인사도 하고, 노잣돈을 얻기도 하면서 묘지로 향한다.

유교 제사는 죽음이 소멸 무화가 아님을 보여준다. 삶에서 일어난 문제의 원인을 인간과 신의 관계 단절 내지는 뒤틀림으로 본다. 삶의 문제 해결은 신과의 관계를 회복하여 바로잡음으로서 가능하다. 이때 제사를 지내거나, 묏자리를 손보거나, 제사를 못 받아 배고픈 조상, 단명한 청춘, 객사하거나 억울하게 죽은 이를 천도하는 씻김굿 등이 가장 중요하게 작용한다. 이는 무속마저 죽음 이후 여전히 산 사람과 일정한 관계를 맺고 있다고 생각하기 때문이다. 집안 대소사도 사당에 계신 조상에게 알린다. 제의는 죽은 자와 산자와의 교류를 위한 문화적 장치다. 죽은 사람은 자기를 기억하는 후손들에 의해 죽음 이후에도 자신의 존재를 확인하고 유지하는데, 후손이 없으면 아무도 기억해 줄 사람이 없다. 누가 그를 기억하느냐가 중요하다. 자식이 결혼하여 자기를 기억할 후손을 갖는 것으로 문제를 해결할 수 있다.

결혼은 한 사람의 존재를 사라지게 하는 죽음의 공포로부터 벗어나는 방법이다. 자신이 죽은 후에 기억해 줄 자식이 필요한데, 미혼으로 죽은 처녀나 총각이 귀신이 되는 것은 무섭다. 그래서 사후에라도 결혼을 시키는 의례가 있다. 가부장 사회에서 제사 지낼 줄 아는 아들을 갖는 것은 결정적으로 중요하다.

이제는 더 이상 죽음이 삶의 자리에서 처리되지 않는다. 그리고 상 장례에는 인정이 스밀 곳이 없다. 자기 집이나 마을에서 병원이나 장례식장으로 옮겨 죽음을 처리한다. 망자와 삶을 함께 했던 가족과 친지, 마을 사람들은 더 이상 죽음 처리의 주체가 되지 못한다. 길 가던 사람까지도 운구 행렬에 예를 표하던 진중한 표정은 사라졌다. 오늘날 죽음 앞에서 아무런 슬픔도 없이 사무적으로 절만 하고, 돈을 내고 규격화된 음식을 먹고 돌아오는 조문 행태는 곧 우리들의 황폐화된 삶의 표상이라 할 것이다. '돈벌이 장례'와 '사교 조문', 어디서부터 잘못된 것일까?

영원한 소멸,
혹은 잠깐의 이별

노령에 이를수록 인생을 제3자의 입장에서 바라볼 수 있게 되고, 노화를 인간의 살아가는 한 과정으로 받아들이게 된다. 그들은 물질이나 세속적인 것에 대해 관조하는 자세로 점차 변한다. '인생의 마지막 시점을 어떻게 맞이하는 것이 좋을까?'에 대한 생각과 함께, 남은 여생이 얼마나 될지를 가늠해보기도 한다. 그러다가 노화 증상이 신체에 나타나면 심리적으로 위축되어 버리기도 한다. 또한 친숙한 사물에는 애착심을 가지지만 새로운 것에는 왠지 정을 붙이지 못한다. 과거의 기억들은 오래 유지되지만 최근의 기억들은 가물거린다.

노년의 마지막은 공평하다. 어김없이 죽음이라는 종말을 맞이해야 한다. 죽음은 세 가지 측면에서 생각해 볼 수 있다. 먼저 죽음 이후에 모든 것이 영원히 사라져 버리는 소멸, 즉 '무無'라는 생각이 있다. 또한 죽음을 존재하던 것이 없어지는 '끝'으로 보는 생각도 있다. 그리고 죽음을 잠시 헤어졌다가 다음 세상에서 다시 만나는 과정으로서 겪는 '이별'이라고 생각하기도 한다. 종교에서 죽음을 삶의 종말이 아닌, 영생이라고 해석하는 것은 죽음을 '이별'로 보는 입장 때문이다.

죽음을 해석하는 방법에 따라 삶의 의미는 여러 가지 형태로 달라진다. 만약 죽음으로 인해 모든 것이 사라진다면, 삶이란 얼마나 덧없고 무의미한가! 그러나 죽음을 새로운 삶의 시작으로 보면 허무하지 않을 수 있다. 물론 죽음 후에 생生이 존재한다는 것은 과학적으로 증명할 수 없고, 죽음 후에 모든 것이 사라진다는 것 역시 증명할 수 없다. 죽음을 증명하려면 겪어 봐야 하고, 겪게 되면 사라져 버렸기 때문에 증명할 수 있는 방법이 없어진다.

헌팅턴은 '죽음은 장엄미의 완성일수 있고 극도의 비참일 수 있으며, 별 것 아닌 없어짐일 수도 있다. 죽음은 평화이고 안식이지만, 한편으로는 내몰린 막장일 수도 있다. 장례식은 통과의례가 아니라 종결의례에 불과하다'라고 이야기한 바 있다. 계로季路가 공자에게 감히 죽음에 대해 묻겠다고 하자,

"아직 삶도 모르는데 어찌 죽음을 알리요"라는 공자다운 말을 남겼다.

우리가 흔히 말하는 좋은 죽음이란 적당한 시기에, 사랑하는 가족들에 둘러싸여, 고통 없이, 모든 것을 완전히 정리한 후, 편안하고 존엄성 있게 가는 죽음이다. 그러나 이것은 거의 불가능하다. 죽음이란 호락호락하게 우리의 소망을 들어주지 않는다. 다만 죽음은 삶의 한 과정으로서 삶의 모든 한계점을 알게 할 뿐이다. 그래서 죽음은 우리에게 매일이 생의 마지막인 것처럼 최선을 다해 살아갈 것을 묵시적으로 명령하고 있다. 니체는 살아갈 이유를 알고 있는 사람은 어떠한 상황도 견뎌 낼 수 있다고 했다. 살아야 할 이유를 아는 삶은 아름다울 것이다.

우리의 인생 전체는 죽음을 통과하면서 평가를 받고 결판이 난다. 이때 잘 죽는 죽음을 위해서는 좋은 삶을 살아야 한다. 아름다운 죽음은 곧 아름다운 삶을 준비하는 것에 있다. 아름답게 살면 죽음도 아름답다. 인간은 인간을 사랑하고 아끼며 함께 기뻐하고, 죽음을 슬퍼하는 진정한 사랑의 공동체를 만들어 가는 과정에서 비로소 좋은 죽음을 맞이할 수 있다. 어떻게 죽을 준비를 하느냐에 따라 죽음은 축복이 될 수도, 두려움의 대상이 될 수도 있다.

삶은 '얼마나 오래 살았느냐?'라는 양보다는 질이 문제가 된다. 잘 입고 잘 먹는 것보다, 일을 잘하고, 성취한 만큼 베풀어서 기쁨을 느낄 수 있는 삶이 중요하다. 바쁜 삶보다는 자신을 잃지 않고 인식하면서 여유 있는 삶, 멀리 보면서 노력해 나가는 삶이 중요하다.

빅터 프랭클린은 '인간의 생명은 어떠한 경우에도 의미를 가진다. 특히 타인에 대한 사랑의 봉사를 하는 것은 생명을 위한 것으로서, 그를 죽음의 운명에서 구해 주는 행위를 한 것이다. 다른 사람에게 건네는 따뜻한 말 한 마디나, 빵 한 조각을 나누어 주는 것도 상대자에게는 살아갈 힘을 솟아나게 한다'라고 했다.

사소한 일이라도 의미 있게 하려면, '어떤 일을 해야 하는가? 지금 할 일은 어떤 것이 있으며, 우선순위는 어떻게 해야 할까? 생명이 한 달 남았다면, 나는 그 한 달을 어떻게 써야 유용하게 소비할 수 있을까?' 등을 생각해 보자.

그리스 운명의 신, 모리아^{Moria}는 죽음이 곧 숙명이라고 했다. 그래서 죽음은 '불안의 써늘한 응달이고 깊은 공포의 바다이다. 죽음은 모순 덩어리이고 갈등 그 자체이며, 인간이 영원히 풀지 못하는 수수께끼이다'라고 했다.

죽음의 상황에서도 살아남을 수 있는 힘을 기르려면, 결국 삶에 의미를 부여하는 것밖에는 없다. 필자도 죽음을 아는 체하면서 이 글을 쓰고 있지만, 사실은 이런 것에 대해서는 독자 여러분보다 못한 수준일 수도 있다.

인생 최후의
동반자

인생의 마지막 시기를 함께하는 노부부의 사랑은 특별하다. 그들은 무뚝뚝하게 살아가는 것 같지만, 그들만의 방식으로 서로를 보살핀다. 인생 여행의 후반부이기에 젊었을 때 가졌던 다양한 생각은 줄이고 자식에 대한 걱정, 가정의 화목 등 비교적 단순한 행복을 추구하게 된다. 젊을 때의 얼굴은 부모가 물려준 그대로였지만 노부부의 얼굴에는 선생, 의사, 상업가 등 오랜 시간 반복해 온 직업의 티가 묻어난다. 또한 같은 것을 먹고 같은 곳을 바라보는 사이에 얼굴 윤곽이 닮아가고, 인생을 보는 관점도 점점 비슷해진다. 젊은 시절에는 사랑하는 과정에서 이해 부족으로 인한 갈등과 상대방에 대한 콤플

렉스, 선입견으로 생긴 오해들이 쌓였다가 녹기를 반복했으나, 이제는 거추장스럽지 않게 소화할 수 있다. 그저 물이 아래로 흐르듯 자연스럽게 생활이 흘러간다.

노부부의 밝게 웃는 모습에는 사랑에 겨워 웃는 웃음뿐만이 아닌, 산전수전을 다 겪어 본 사람들이 억지로 짓는 쓰라린 뜻도 담겨 있다. '어찌 됐든 지금까지 잘 살아 내었다!'라는 감회도 웃음에 섞여 있다. 산다는 것은 인간이 이런 복잡한 웃음을 향해 질주하는 것이고, 노화란 성자聖者가 되는 과정의 일부이다. 사랑하고픈 연심戀心은 남아 있어도 갈증은 느끼지 않는다. 불안해하고 티격태격하는 사랑과는 이미 멀어져 있다. 마치 밀레의 〈만종〉처럼 그윽하고 조용한 심정이다. 눈동자를 일부러 맞출 필요도 없다. 미래를 보는 시각을 지금껏 맞추어 왔기 때문에, 서로를 벌써 잘 알고 있다. 젊은이들은 '사랑이란 뭔가?'를 물으면 장황하게 설명하려고 하지만, 대답하기가 쉽지 않다. 그러나 노인들은 '아, 그거 뭐 별 거 아이시더!(별 것이 아니다)'라고 하면서 씩 웃어 버린다. 사랑은 이론이 아니라 순간순간의 행위들로 나타난다는 것을 알기 때문이다. 그들은 '말로 표현되는 사랑'을 가볍게 본다.

부부 중 어느 한쪽이 죽을지도 모르는 병에 걸리거나 쇠약한 징후가 확연히 나타나면, 완전히 새로운 상황이 도래되기도 한다. 어느 가정에서든 두 사람 중, 더 적게 아픈 쪽이 상대의 간호를 맡게 된다. 이때 부부는 주변과는 왕래가 없으므로 극도로 고립된다. 오랫동안 투병을 하게 되는 쪽에서는 마음 속으로 건강한 상대방에 대한 질투나 시기심, 또는 인생에 대한 분노가 생기기도 한다. 세상에서 해야 할 역할도 없이, 짐만 된다는 기분에 사로잡히기 때문이다. 반대로 간병을 하는 쪽은 병간호로 좁아지는 삶의 영역과, 자기가 해야만 하고 남에게는 미룰 수 없다는 의무감 때문에 기분이 좋지 않을 수 있다. 노부부는 서로 약속이나 한듯 어둠 속으로 침잠해 들어간다.

노부부의 불안은 자신의 죽음이 아니고, 상대의 죽음에서 발생한다. 서로가 상대보다 앞서 죽기를 바라는 것은, 자신의 숨이 끊어지는 것을 지켜보고 장례 절차를 밟아 주기를 바라기 때문이다. 즉 상대의 보살핌을 받으면서 죽고 싶어하기 때문이다. 서로 상의하는데 익숙해져 있던 부부는 한 사람이 죽어서 홀로 살면 이야기 통로를 잃는다. 상실로 인해 생긴 공허한 마음을 허공을 향하여 이야기할 수밖에 없다. 이제는 죽은 자의 역할마저도 내가 해야 할 일이 되어 버린다.

미국의 한 심리학자는 완벽한 스트레스 상황을 100퍼센트로 잡았을 때, 결혼을 50퍼센트로 보았다. 이는 결혼이 단순히 사랑 하나만으로 되지는 않는다는 뜻이다. 그런데 100퍼센트에 도달하는 강력한 스트레스가 있으니 바로 '배우자와의 사별'이라고 한다. 이런 슬픔에 직면하게 되면 그야말로 거꾸로 쓰러져 버리고 싶을 정도가 된다.

배필을 먼저 떠나보내고 혼자 사는 늙은이의 웃음은 허전하면서도 인생을 반추하는 한恨의 웃음이다. 남은 사람은 죽은 자가 남긴 많은 것을 뒷정리하며, 버릴 것은 버림으로써 이별하기 시작한다. 그 자리는 비워 둘 수도 있고, 다시 정돈하거나 자리를 바꾸어 둘 수도 있다. 그러면서 같이 살면서 이룬 모든 것에서 점차 빠져나오기 시작한다. 빈자리는 새로이 채우기도 하지만 보통은 그대로 두어 버린다. 그러는 사이에도 세월은 자꾸만 흘러간다. 그냥 앉아서 슬퍼만 하기에는 부딪쳐야 할 세상이 자기 앞에 줄줄이 놓여 있다. 상실의 복잡하고 슬픈 느낌 속에 계속 머무를 수만은 없다. 살아가면서 해야 할 일을 하기 위한 새로운 계기를 만들어야 한다.

이를 위해서는 아무리 어려워도 당하고 있는 문제를 긍정하는 마음이 중요하다. 자신의 처절한 슬픔을 그대로 인정하고 받아들이는 것이다. '내가 왜 이런 고통 속에 있는가?' 등의 부정적인 생각을 바꾸어서 '극복하면서 살아야 한다'는 마음으로 변화시킬 필요가 있다. 허무, 안타까움, 허탈, 무기력,

슬픔, 탄식 등의 느낌이 있다면, 직접 표현하는 것도 한 방법이다. 이런 것을 표현하면 얼어붙은 마음이 조금씩 열린다. 한곳에 묶인 마음이 조금씩 풀려 나갈 것이다. 때로는 대성통곡을 해 버릴 수도 있다.

주위의 도움도 절실하다. 한 사람이 떠나 버려도 남아 있는 사람이 견뎌 나갈 수 있도록 주위에서 관심을 기울여야 한다. 돌아가신 분의 결별을 정서적으로 받아들이고, 주변과 심리적 독립을 잘 하도록 도움을 주는 것이다. 이런 면에서는 친구나 친척, 또는 상담자의 역할이 매우 중요하다.

사별가
아내가 떠난 후

아내와 영원히 이별해야 하는 순간, 딛고 선 땅은 지진으로 불안하게 흔들리고 폭풍을 몰고 온 먹구름에서 장대비가 내리는 것을 느낀다. 세상은 꽃이 피던 동산에서 황량한 사막으로 변하면서 저 멀리 신기루가 나타난다.

친구, 친척 등 그 누가 위로를 해도 나는 지금 캄캄하고 깊은 터널 안에 있다. 밤중에 산속에서 길을 잃은 기분이다. 이런 고립감은 주변의 환경이나 가까운 사람과는 전혀 관련이 없다. 우주 같이 믿었던 절대 기준이 사라졌는데, 그 외의 것은 소소하여 별 의미가 없다. 쉴 만한 휴식처는 불타 버리고, 함께 건너던 강의 한가운데서 아내의 손을 놓쳐 버려서, 오늘

79

은 영원히 이별하는 날이다.

이제 당신과 나는 오순도순 살아가는 다른 부부들의 삶에 함께 섞이기가 어렵게 되었다. 앞으로도 점점 더 멀어져 가겠구나! 눈앞은 텅 비어 있고, 그녀가 속해 있던 곳이나 부부가 같이 모이던 사회의 클럽에서도 이제는 소외감을 느낀다.

마치 비정상적으로 외롭게 형성된 섬에 던져진 것 같다. 그 섬의 활엽수 밑에서 홀로 고독에 젖어 본다. 거기서 나는 밖으로 나갈 길을 잃어버린다. 너무 오래 혼자 머무르거나 혼자 갇혀 있으면 안 된다는 것을 알지만 외로움이 자꾸만 사무쳐 움직이기가 싫다. 부담 없는 말동무이자 인생의 반려자였던 그녀. 마음 저 깊은 데서 상실의 아픔이 저음으로 울려 온다. 이국의 땅에 버려진 것처럼 막막하다. 단어가 필요 없다. 대화할 사람이 없으니까! 그저 외롭게 있을 따름이다.

그러나 이런 상태로 무작정 머물러 있을 수는 없다. 상실감에서 빠져나가 나 자신을 치유시켜야 한다. 이제는 새로운 눈으로 세상을 바라볼 수 있도록 나 자신을 다독거려야 한다. 고통은 남들과 나눌수록 더 작게 줄어든다. 지금 당하고 있는 이 비극적인 일은 돌이킬 수 없는 하늘의 뜻이라는 것을 잘 알고 있다. 남은 사람들은 남겨진 채로 생을 이어가야 한다. 인간은 건강할 책임이 있지만 상실에 대해서는 신의 영역이므로 먼저 간 사람을 비난할 수도 없다.

그러는 사이 모래 바람이 몰아치는 바싹 마른 사막에서도, 조그마한 새싹이 배시시 푸른색으로 움튼다. 계속될 것 같던 슬픔의 시간이 조금씩 줄어든다. 생명이 가진 고유의 힘으로 이제는 기지개를 켜고 내일을 준비하게 되는 것이다. 조금씩 몸을 움직여 본다. 꽃을 가꾸기도 하고, 시냇가를 거닐면서 생각을 분산시킨다. 때로는 신에게 나의 마음을 털어 놓고 비워 내기도 한다. 전화나 만남을 통해 같은 처지를 경험한 이들과 대화를 나누기도 한다. 고립된 사람들이 모이면 어느새 동료가 된다.

영원히 이어질 줄 알았던 슬픔과 분노는 다음 단계로 성장하기 위한 기회이자, 새로운 시작을 알리는 울림이다. 이제부터 상실은 그에게 새로운 세계를 탄생시키는 연료가 된다. 사랑하는 마음이 깊을수록 죽음의 세계로 떠나보내는 마음이 찢어졌지만, 이제는 조금씩 웃을 수도 있다. 말투나 행동거지에서도 담담함이 묻어나온다.

사별가
남편이 떠난 후

죽기 전에는 정을 떼고 간다고 했던가. 남편은 평소보다 잔소리가 늘었고 자주 화를 냈다. 그때마다 속앓이를 하다가 부인까지 병이 날 무렵, 남편은 숨을 거두었다. 그는 이제 시체가 되었을 뿐, 더 이상 사람이 아니다. 간섭이 없어졌다. 처음에는 뭐가 뭔지 모르기에 덤덤했고, 장례식이 진행되는 동안에는 보통 생활과 비슷하게 지나갔다. 충격으로 누워 버릴 수도 있는 이 시간을 정신없이 보내게 되는 것은 손님 접대나 장례 절차 처리 등으로 바쁘기 때문이다.

그러나 남편을 땅에 묻는 하관 때가 되어서야 비로소 슬픔이 실감난다. 영원한 이별인 것이다. 하관을 끝마치고, 집으로 돌아서는데 발걸음이 떼어지지 않는다. 그를 산에 두고 집으로 나 혼자 가려니…. 몇 번을 뒤돌아보지만, 그는 시야에 나타나지 않고 횅한 공간만 보인다. 에그! 그만 다투고 사랑하면서 지낼 것을! 싸움만 한 기억뿐이구나!

남편과 늘상 해 왔던 일상이 장례 후에는 생소하게 느껴진다. 사소한 일들이 추억으로 변해 되살아난다. 주위에서는 남편의 죽음이 기정사실화되었다. 사람들의 기억 속에서 '잊혀진 사람'으로 변해 간다. 반면, 부인의 시간은 매우 천천히 흘러간다. 남편과 함께 있던 방에 들어가려니 공허감이 엄습할까봐 왠지 꺼려진다. 찾아오던 사람도 줄고 자주 울리던 전화기 소리도 뜸하다. 대낮의 햇빛 속에 있어도 어둡다. 홀로 있음을 절감한다.

때로는 '아직 죽은 것이 아니야!'라는 생각이 들기도 한다. 거리에서 지나가는 사람의 뒷모습이 언뜻 남편과 비슷하게 보일 때도 있다. 치료를 잘했다면 좀 더 살 수 있었을지도 모를 것을……. 의사에게 섭섭한 마음도 든다. 이제는 짝을 지어 놀러갈 수도 없겠구나! 화가 나면 한바탕 퍼부을 수도 없겠구나! 고독감은 쉽게 분노로 변한다. 어떻게 살아가야 할지 경제적인 부분에 대한 걱정도 이만저만이 아니다. 하루아침에 초라한 과부 신세가 된 것이다. 자녀들이 신경을 써 준다지만 마음 속 깊은 곳까지 헤아려 주지는 못한다. 때로는 친한 친구의 남편이나 남편의 친구가 형편을 위로해 주는 척 살금살금 다가온다.

세월이 흘러 사별 후 1년쯤 되면 혼자 사는 장점을 조금씩 발견하게 된다. 가끔씩 재혼 생각이 떠오르기도 한다. 물론 여러 문제들이 함께 떠오른다. 상대가 자식이 있다면 곤란하지는 않을까? 재산 상태는 안전할까? 살아온 세월이 다른 만큼 취미가 맞을까? '이 나이'에도 새로운 사람을 만날 수 있을까? 이때쯤이면 몸매에 신경을 쓰게 되고 생각의 방향이 변하기 시작한다. 이제는 고독과 우울함에서 빠져나올 자신이 있다. 물론 남편은 늘 마음속에 한 가닥 공간을 차지하고 있다. 꿈에 가끔 나타나기도 한다. 그러나 이제는 내 삶을 즐기는 데 집중할 수 있다.

어떤 죽음은
가슴에 묻는다

'잘 가거래이 애기야, 차라리 너를 알지 않았더라면 좋았을 것을, 내 품에 너를 안지 않았을 것을! 나의 희망과 꿈, 모두를 너와 함께 묻는다. 내 가슴속 애틋한 사랑과 따가운 아픔까지도 한 포대에 싸서 묻는다. 내가 뭣이든 너에게 해 주고 싶어도 이제는 해 줄 수가 없구나. 대신 저세상에서는 생글생글 웃기만 하면서 지내거래이! 잘 가거래이······.'

출산 후 안거나 만져 보지도 못하고 아기가 죽으면, 부모의 속마음은 타들어가고 그때부터 엄마는 죽을 때까지 슬픔을 가져간다. 키우다가 어떤 원인으로든 아직 아이 때, 그를 잃어버리는 수도 있다. 선천성 장애가 있거나, 때로는 감염으로 인해 죽을 수도 있다. 사망 원인이 감염일 때는 감염 경로가 무엇이든 하늘을 원망하기도 한다.

"신이시여, 하필이면 나의 아기를 죽게 했습니까?"

산모라면 장애 등 결함이 있는 아기를 낳아도 그 자식을 예뻐하게 마련이다. 이것이 엄마의 사랑이다. 조금 성장한 후 아기는 어린이가 되고, 자신의 병에 대해 직감적으로 어떤 느낌을 가지게 된다. 죽음이 곧 닥친다는 느낌이 들면, 아이들은 영적인 차원에서 알아차리고는 가끔 먼저 "엄마, 나는 죽게 되는 거예요?"라고 묻는 경우가 있다. 때로는 죽은 후에 아이가 '엄마 사랑해요'와 같은 내용의 쪽지를 남긴 것을 발견하기도 한다.

불행히도 아이를 갑작스레 잃어버렸다면, 실종 후 죽음을 맞을 때까지 부모는 지옥을 헤매인다. 또 학교에 다니던 자식이 어느 날 교통사고로 죽었다는 긴급한 통보를 받는다면, 자식이 죽은 날이 바로 부모의 인생이 끝나는 시점이 된다. 살아 있어도 산 것 같지 않다. 이날 이후로 부모에게는 어떤 행복도 허락되지 않는다. 자기 스스로가 죽어야만 겨우 해결될 문제이다.

신문에서는 군 의문사 기사가 잊을 만하면 나온다. 사인은 주로 불우한 가정이나 애인의 변심으로 보도되지만, 사망자 모두가 그것 때문만으로 죽었겠는가를 우리는 자주 의심한다. 신성한 국방의 의무를 다하기 위해 자식을 나라에 바친 유가족은 땅을 치면서 통곡할 일이다. 세월호 참사와 같이 집단으로 당하는 청소년들의 죽음은 국민 전체를 비통하게 하기도 한다.

하물며 암에 걸려 전혀 가망이 없는 경우나, 약에 취해 가쁜 숨을 몰아쉬며 침대에 속절없이 누워 있는 자식을 보는 부모의 가슴은 찢어진다. 불가항력이다. '차라리 내가 아팠으면 좋겠다'라는 마음이 들지만, 이는 단지 한탄, 탄식일 뿐이다. 사망하는 자식에게는 존엄사나 안락사 같은 것들은 모두 허황된 단어이다.

때로는 다른 사람을 살려주고 자기 아들은 죽어 버리는 경우가 있다. 이런 경우를 의사자라고 한다. 이때 아들의 도움으로 살아남은 자가 명절에 집에 와서 '아드님 몫까지 열심히 살겠습니다'라고 세배를 하면, 부모는 어떤 심정이 될까? '내가 살아 있는 한, 네놈은 고통을 당해야 해!'라고 여길까? 또는 '오냐, 너는 나의 새로운 아들이다'라고 생각할까? 주위 사람들은 '너무 상심하지 말게, 이 세상은 다 그렇게 무상한 것이야, 인간은 항상 나고 죽게 되어 있어'라고 위로하겠지만, 정작 자신이 자식을 잃은 당사자라면 이겨 낼 수 있을까?

성경의 구약에는 하나님이 아브라함에게 큰 시험을 주었다. 늙어서 얻은 유일한 혈육인 아들 이삭을 죽여서 제물로 바치라고 한 것이다. 아들이 '번제물로 드릴 양은 어디 있습니까?'라는 물음에 아버지는 '하나님이 손수 만드신단다'라고 말한다. 차마 아들의 눈앞에 손가락질로 가리켜 '네가 바로 죽여서 바칠, 바로 그 제물이야'라고 말할 수 없었을 것이다.

아브라함이 이삭을 죽이려고 할 때 하나님은 그의 충심을 알고 그만두라고 했다. 현대인들이라면 "하나님, 내 아들은 차마 죽일 수 없습니다. 나의 육체도 건장합니다. 나의 육체로 제사 지내게 해 주소서"라고 하면서 자신의 심장에 긴 칼을 꽂을 것 같다.

세상에는 하늘까지 연결된 구성물은 없다. 다만 한 가지, 자식을 향한 어머니의 사랑은 하늘까지 이어져 있다고 한다. 이런 자식을 가슴에 묻고 새해 아침에 맑은 물을 떠놓고 하늘을 향해 비는 어머니의 모습은 끝없는 사랑이다. 신의 사랑과 같다.

● 이상의 글들은 사단복지 법인, 각당 복지 재산의 '삶과 죽음을 생각하는 회'에서 발간한 책들을 여러 권 참조하였다. 감사하게 생각한다.

내 작은 개를
떠나보내다

나는 보배라고 부르는 페키니즈 종의 개 한 마리를 키운 적이 있다. 15년 전부터 집에서 키우기 시작한 그놈은 한집에서 살아 그런지, 나에게 게으르고 나태한 자세를 마음껏 보여 주었다. 30센티미터도 안 되는 키를 가진 보배는 가족들에게 매일 웃음을 선사해 주었다. 깨끗하고 티 없는 눈으로 빤히 쳐다보고, 잠잘 때는 체면도 없이 코를 골고, 대소변을 보고 싶을 땐 온 방을 헤매고, 배가 고프면 부엌에 와서 마구 짖어 댔다.

이놈이 10년 전에 배가 몹시 아픈 적이 있었다. 앉지도 못하고 서서 끙끙거리며 앓기만 할 뿐, 소리 없이 눈을 내리깔고 꼼짝을 못했다. 의사인 내가 봐도 곧 죽을 것 같았다. 동물 병

89

원에서는 수술을 받아야 산다고 해서 겨우 살려 내었다. 사람이나 짐승 할 것 없이 하늘은 모든 생명에게 혹독한 병마라는 고통을 선물로 주는가 싶었다.

그 후로 한 친구에게 집에서 키우는 개를 수술시켜 회복케 했다는 이야기를 했다. 이것을 듣고서 그는 "버리고 새로이 사면 될 것을! 돈을 들여 수술했다는 것은 이해가 잘 안 돼!"라고 하면서 고개를 갸우뚱하기도 했다. 친구가 그러거나 말거나, 목숨을 살려 줘서 그런지, 보배는 나를 빤히 쳐다보면서 '어떻게 살아야 행복하고 풍부한 인생이 될까?'를 많이 가르쳐 주었다. 그렇게 나와 사랑을 마음껏 주고받던 보배는 어느 날 마침내 하늘의 부름을 받았다. 너무 가슴이 따갑게 아파서 나는 방이며 사무실 등에 보배의 사진을 걸어 놓고, 매일 만나고 있다. 스마트폰 바탕화면에도 보배의 얼굴을 넣어 두고 있다. 그때 '보배의 아픔을 보면서'라는 제목으로 써 둔 일기장에는 아래와 같은 내용이 있다.

내가 키우고 있는 개를 보면 많은 사람들은 못난 얼굴이라고 말하지만, 나는 그 얼굴이 예쁘게 보인다. 뒤뚱거리는 걸음도 천사가 사뿐사뿐 걷는 것 같다. 더러운 항문도 붉고 예쁘다. 다른 사람은 이놈에게 관심을 갖지 않는데도, 예쁘게 보이는 것은 혹시 내가 좀 이상한 사람이어서 그런 것은 아닐까?

지금 그놈이 가쁜 숨을 몰아쉬면서 매우 가라앉아 있다. 어리석을 만큼 순하고 식구들을 보면 꼬리를 흔들면서 좋아하는, 바로 그 보배가 갑자기 저녁부터 죽을 지도 모를 정도로 심한 고통 중에 있다. 앓기만 할 뿐 소리 없이 눈을 내리깔고, 꼼짝 않고 누워 있다.

사람들은 인생을 험한 파도 속의 항해라고 표현한다. 그 말은 이놈에게도 해당되는 것 같다. 개들과 달리 인간은 특히 높은 지능을 지녔기 때문에, 더욱 인생을 복잡하게 만들어 버린다. 교묘하게 사기를 놓아 이득 보기, 면전에서는 웃으면서도 마음속으로는 엉뚱한 생각하기, 시효가 지난 음식물 봉투에 날짜 고쳐 써 넣기 등……. 인간의 미담은 신문에 아주 드물게 보일 뿐이다.

이런 더럽기도 하고 추잡해 보이는 세상에서 나는 용케도 60년 이상을 살아 왔고, 이제는 가끔 과거를 되돌아보기도 한다. 보배야 너는 인간이 아니면서도 순수를 통하여 나에게 용기를 준단다. 너는 '인간들이 머리가 영리하다고 해서, 반드시 행복한 것은 아니다'라는 것을 가르쳐 주는구나. 보배야 나는 네가 내 옆에서 재롱을 피우는 것을 언제까지라도 보고 싶구나.

회복되면 아무 때, 아무 데서나 낮잠을 즐기고 게으름을 한껏 피우렴. 인간이라면 게을러서는 안 되지만, 너는 온몸을 뒤틀면서 기지개를 켜도, 모든 게 사랑스럽다. 뭣이든 하고 싶은 것이 있다면, 네 마음대로 하렴. 그러나 지금 너의 모양새는 아무래도 이별을 할 것 같구나. 이런 혼탁한 세상에서 너는 주인의 사랑을 독차지하다가 영원 속으로 사라져 가고 있구나.

사람이 사람을 잘 만나야 하는 것처럼 개는 주인을 잘 만나야 하는 것 같다. 시내의 개들은 주인이 바뀐다든지 팔려가는 등으로 인한 이동이 생각보다 훨씬 많다. 늘 보던 개가 어느 날 보이지 않아서 주인에게 물어보면 팔았다거나, 때로는 사라졌다고 하기도 하고, 드물게는 교통사고로 죽었단다. 간혹 다리를 다쳐서 절뚝이는 개도 자주 볼 수 있다. 바싹 마른 모양새는 심히 배가 고플 것 같다.

옛날 시골에서는 모처럼 사돈이 오면 변변히 대접할 게 없어서, 제일 좋은 음식으로 집에서 키우던 개를 목을 졸라 죽인다. 그래도 퍼득거리면 목을 묶은 채로 나무에 걸어 두고 몽둥이로 두들겨 패 죽인 다음 밥상 위에 올린다. 그런데 그 고기가 맛이 있단다.

개들은 추운 겨울, 싸늘한 땅에 배를 데고 누워야 하거나, 한여름에 70도까지 달구어진 아스팔트에 코를 데고 푹푹 찌는 공기를 호흡해야 한다. 그래서 녹초가 되어 있는 개들을 가끔 발견할 수 있다. 이런 놈들을 보면, 불쌍하여 간혹은 조물주를 원망하기도 한다. 성경에는 인간에 대한 사랑만 언급할 뿐, 가축에 대한 것은 구약성경의 몇 곳에서만 기술되어 있을 뿐이다. 저놈들은 이 험난한 세상에 왜 태어나 하나님으로부터 인정도 관심도 받지 못하고 밀려나 있는 것인가! 이런 운명을 '개 같은 운명'이라고 하는 걸까? 개는 억울하다. 낮은 수준이나마, 인간이 생각한 것보다 조금 더 잘하면 '개보다는 낫다'라고 표현한다. 또 잘못하면 '개 같다, 개보다도 못하다'라면서, 죄 없는 개를 들먹인다.

애완동물은 현대인에게 많은 위로를 준다. 말은 못해도 이심전심으로 대화가 가능하다. 그래서 자식 겸, 친구 겸, 친척의 역할을 모두 해낸다. 특히 홀로 사는 자에게는 좋은 친구가 되어 준다. 말만 하지 못할 뿐, 가족 구성원 중에서 상전이 되는 경우도 많다. 어떤 사람은 개를 자기 자식이라고 남에게 소개하는 것을 가끔 볼 수 있다. 이것은 오래 같이 살면서 개가 그리움의 대상으로 승겨하기 때문일 것이다. 서로 좋아하다 보면 때로는 내가 개인지, 개가 사람인지 헷갈릴 때도 있다.

2주 전에 한 아주머니가 다친 개를 안고, 울면서 동물병원으로 가는 것을 보았다. 그런데 어제 그 아주머니는 "개의 상처가 잘 아물었어요"라고 하면서 웃음을 띠었다. 개의 아픔을 자신의 아픔으로 여기는 아주머니는 바로, 하늘에서 내려온 천사와 같이 보였다. 미물에게까지도 사랑을 쏟는 마음은 세상을 덥힌다. 훈훈한 온기는 가을 날씨와 같이 인생에 풍부한 열매를 맺게 하는 것 같다.

물 같이 바람 같이 살다가 가라 하네

생명체에게 죽음은 연습할 수 없고, 피할 수도 없는 종말을 뜻한다. 그것은 누구에게나 자연스럽게, 그리고 시점은 다르지만 공평하게 분배된다. 지상에서 볼 때, 사람이 죽어서 가는 곳은 모두 같은 장소일까? 우리는 이에 대해 알 수 없지만, 장례를 통해 모든 인간이 망자가 되는 하나의 절차를 밟는다.

우리는 높고도 험한 파도가 일렁이는 세상을 살아가면서 끊임없이 고난을 받는다. 그러나 수련을 위한 도구로 이용하면, 고난은 삶의 지혜를 가르쳐 주는 교과서 역할을 할 수도 있다. 고난에서 지혜를 얻는다면, 삶 속에서 일어나기 마련인 혼미와 판단 착오를 알아내어, 방지하거나 줄이는 데 도움을 준다. 험난한 인생의 바다에서 나침반 역할을 할 수도 있다. 고난을 당한 자가 어려움을 극복하는 과정에서 만들어지는 경험은, 그가 하늘나라로 들어가는 길목에서 방향을 일러 주는 역할을 한다. 자기 자신을 점검함으로써 신이 인간에게 지워 준 인생이라는 무거운 짐을 가볍게 느끼도록 해 준다.

누구나 성실하고 부지런하게 살다가, 좋은 죽음을 맞이하고 싶어 한다. 그러려면 고난을 극복하고 살면서 사랑할 수 있는 마음을 단련시켜야 한다. 그래야만 인생을 지혜롭게 긍정하면서 받아들일 수 있다.

삶은 늘 죽음을 동반한다. 왜냐하면 죽음은 삶 속에서도 무형으로 항상 존재하기 때문이다. 삶과 죽음은 반대 작용을 한다. 하루를 살아가면 죽음은 그만큼 당겨져서, 하루만큼 살 수 있는 기간이 줄어든다. 사람들은 여러 가지 방법, 예를 들면 일상생활에서 만나는 좌절, 노쇠나 질병에 의한 허약함과 덧없음, 깊은 고뇌와 아픔, 어쩔 수 없는 상황에 대한 무력감, 등으로 이미 상시적으로 죽음과 만나고 있다. 그렇게 점점 더 죽음을 마음으로 받아들이다가, 삶의 마지막 순간에 대단원의 죽음을 만난다.

노후를 긍정적으로 살아가는 사람이라면 누구나 죽음을 기꺼이 받아들인다. 죽음 앞에서는 평안하기를 바란다. 그러므로 인간에게 죽음이 있다는 것은 평화로운 세상을 만들어 가도록 호소하는 강한 방법 중의 하나이다. 사랑으로 헌신하다가 맞이하는 죽음은 그 의미가 충만하다. 그중 가장 위대한 것은 '순교'이다. 예수는 이웃을 위해 죽는 것이 구원을 받을 수 있는 헌신적인 죽음이라고 했다. 그것은 예수님이 했던 것과 같이 다른 사람을 위해 죽는 것, 나의 모든 것을 주위의 사람에게 주어 버리는 죽음을 말한다. 또는 내가 죽음으로써 그가 나의 죽음에 힘입어 살아나게 할 때에도 해당된다.

죽는 순간까지 최선을 다하면서 살아 왔기에, 그는 못다 이룬 삶에 미련이 남아서 연연해 하지 않는다. 그는 죽음을 담담하게 수용할 뿐, 미련하게 매달리거나 애걸하지 않는다. 헐떡이면서 허겁지겁 따라가지 않는다.

죽은 이후에 새로운 삶을 산다고 믿는 자나 영생을 믿는 사람은 죽으면 영원의 세계로 들어가기 때문에, 죽음을 인생이 완성되는 전환점으로 생각한다. 이런 생각은 종교를 믿는 사람들에서 많이 발견할 수 있다. 그렇게 생각하는 노인들 역시 따뜻하고 온유하면서 죽음을 담담하게 받아들인다. 그는 죽음을 아무런 두려움도 없는 심정으로 차분하게 대면할 수 있는데, 이런 생각을 일반 사람들은 '바람직하고 양호한 생각'이라고 한다.

생명체의 공통된 언어는 사랑이다. 인간은 신과, 심지어는 짐승과도 사랑을 통하여 감정을 주고받을 수 있다. 사랑은 삶과 죽음을 꿰뚫어 관통한다. 좋은 죽음은 좋은 삶의 결과이다. 이렇게 관통하기 위해서 얼마나 좋은 삶을 살아 왔는지는 '생물체에 대해, 그리고 지구를 얼마나 좋아했느냐?' 등의 사랑의 실천 정도에 따른다. 이와 같이 사랑의 대상은 신과 인간끼리만이 아니라, 지구와 인간 이외의 생물체도 포함한다.

불교에서는 사랑을 자비라고 표현하고, 사람들에게 자비를 베풀라고 한다. 기독교의 사랑은 상대적으로 밝은 색을 띠지만, 불교의 자비라고 하면 뭔가 슬픈 빛을 띤다. 그러면서도 무한히 깊은 의미와 훈기를 풍긴다. 자비로 해탈을 하란다. 본시부터 사랑은 슬픈 빛이 아니었을까? 인간의 사랑도 지극하면 눈에 눈물이 고이니까!

사람들이 죽고 난 후에 제일 바라는 것은 신을 만나는 것이다. 죽고 난 이후에야 신을 만날 수 있으니까, 죽음은 두려운 것이 아니라 인간의 가장 큰 소망을 채워 주는 과정이다. 단 죽음이란 뭔지를 모르니까 두려울 따름이다.

기독교에서는 죽음이란 평범하게 자연 속으로 버려져서 썩는 것이 아니고, 하나님과 영적인 튼튼한 관계를 맺는 계기라고 한다. 생각하기에도 끔찍한 최후나 끝 모를 이별이 아니라,

영원한 생명 안에서 다시 태어나는 것이란다. 또한 기독교에서 죽음이란 세상의 모든 사람이나 사물들에서 떠나가는 것이 아니고, 다른 형태로 새로이 연결되는 재생의 순간이다. 그래서 늙는다는 것은 죽어 가는 연습이고, 하나님의 영광에 참여할 수 있는 자격증을 따는, 자기 자신을 깨뜨려 재구성해 가는 과정이란다.

이렇게 볼 때, 늙는다는 것은 죽음으로 나아가는 즐거운 여행인 것 같다. 만일 그가 죽음을 마지못해 체념하면서 받아들인다면, 이는 죽음을 긍정하는 자세가 아니다. 죽음을 긍정하는 자세란 죽음을 '사랑을 주고받는 행위의 하나'로 볼 수 있어야 가능하다. 일반적으로 늙어 가면 갈수록 고독감이 점점 커져 가지만, 긍정하는 사람은 그런 마음을 가지면서도 주위의 사람들과 이별하는 준비를 마음속에 항상 하고 있다. 이들은 '노화'란 헌신하여 '사랑을 완성하기 위해 나아가는 과정'으로 여긴다.

그러나 많은 노인들은 사랑과 용서를 실천하기가 매우 어렵다고 한다. 그래서 죽음 앞에서 인생을 긍정하려다가도 멈칫하고 만다. 그러면서 죽음이 언제 닥칠지 모르는 것을 불안해한다. 죽음의 시점을 예측하기란 삶에서 제일 어려운 부분이기 때문이다.

우리는 사랑의 실천을 위해서 깨어 있어야 한다. 어느 한 순간도 공허하게 시간을 보내지 말고 열심히 살아야 한다. 그러다가 언제 세상을 떠나더라도 모든 것을 긍정할 수 있는 생활을 해야만 한다.

청산은 나를 보고 말없이 살라 하고
창공은 나를 보고 티 없이 살라 하네
탐욕도 벗어 놓고 성냄도 벗어 놓고
물 같이 바람 같이 살다가 가라 하네

세월은 나를 보고 덧없다 하지 않고
우주는 나를 보고 곳없다 하지 않네
번뇌도 벗어 놓고 욕심도 벗어 놓고
강 같이 구름 같이 말없이 가라 하네

고려 말기의 선승이자 다인茶人이었던 나옹 혜근懶翁 慧勤 스님의 불교 가사이다. '혜근'이 법명이고 '나옹'은 호이다. 시에 나타나는 삶의 자세를 가지고, 하루하루를 열심히 살아가면, 종착점에서 신이 우리를 '어서 오게!' 하면서 반길 것이다.

●『황혼의 미학』(안셀름 그륀 저) 참조

2장

당신이 든 지팡이의 무게

통통배에
몸을 싣고

어떤 사람이 나에게 '할아버지'라고 부르는 소리를 처음으로 들었을 때, 깜짝 놀랐던 기억이 있다. 젊을 때는 내일이 영원히 이어질 것으로 생각했다. 그러나 내게 남은 시간이 조금씩 줄어들고 있었음을 거울을 보고서야 뒤늦게 알아차린다. 거울 속에는 어느새 거짓말처럼 할아버지가 서 있다.

세월의 흐름은 청년들에게서 많은 것을 훔쳐간다. 산을 들어 바다로 던질 만한 체력, 역사를 바꾸어 버릴 듯한 열정, 지구를 태워 버릴 수준의 애정 등은 슬며시 자리를 빼앗긴다. 겉으로는 건강한 척해도 육체의 쇠약은 숨길 수 없다. 그 자리에는 거울에서 보았던 주름진 얼굴에 정리된 흰 머리카락을 하고서, 조용히 서 있는 나 자신의 모습이 들어선다. 보이지는 않지만 머릿속에 있는 뇌의 크기도 쭈글쭈글해지면서 위축되어 있을 것이다.

이제는 모든 것과 어느 정도 거리를 둘 수 있다. 점차 생활이 단순해지고, 책임질 일도 줄어들었다. 그 많던 궁금증과 호기심은 관조로 서서히 바뀌면서 무뎌져 간다. 용기가 줄어들었는지 너그러워 졌으며, 기다릴 줄도 안다.

평균수명이 연장된 덕에 넉넉한 재산이라고는 충분히 남아도는 시간뿐이다. 평생을 경쟁 속에서 풀이 꺾이며 살아 왔으니 이제는 시간을 좀 즐기면서 살아 보자. 조용히 언덕 밑에서 쉬어 보니, 젊었을 때보다 더 많은 풀과 벌레들이 보인다. 작은 벌레의 '윙~'하는 날개 소리, 옆에서 흐르는 시냇물의 졸졸거리는 속삭임, 바람이 나뭇잎을 스치는 낮은 마찰음들이 귀를 간질인다. 땅을 기어가는 힘겨운 듯이 보이는 벌레들, 개미도 가느다랗게 일렬로 줄을 서서 간다. 이 모든 것들을 젊었을 때는 건성으로 보았지만, 이제는 이런 소소한 일에도 뜻과 이유가 있음을 느낄 수 있다. 노년은 과거에 무관심했던 것들을 새롭게 발견하는 시기인 것 같다.

가끔 젊었을 때 자주 가던 경주에 고적을 구경하러 간다. 노년이 되어 둘러보니까 전에는 그냥 지나쳤던 것에서도 그에 따른 설명을 듣고 싶다. 그것들은 모두 자신들의 사연을 귓속말로 나에게 이야기해 주고 싶어 하는 것 같다. 천 년 이상을 버티어 온 처마 끝의 곡선 모양, 석축을 쌓는 방법, 건물의 배치 등도 나름의 의미가 있을 것 같다.

노년은 격랑이 넘실거리는 바다를 항해하는 힘찬 배가 아니고, 잔잔한 호수 위를 떠 나가는 통통배다. 젊은 시절에 이미 대부분의 추진력을 써 버려서, 이제는 조금 남은 힘으로 천천히 나아가는 수밖에 없다. 주위의 풍경도 배의 속도에 맞춰서 느리게 흘러간다. 전에는 관심 밖에 있던 현상이나 경치도 좀 더 가까이 보인다. 이제는 천천히 노를 저어도 어슬렁거린다고 탓하는 사람마저 없다.

그러나 늙은 나이인 지금이라도 천천히 오랫동안 할 수 있는 것들은 계획을 세워 시작할 수 있는 모양이다. 친구 한 사람은 늦은 나이에 중국어 공부를 시작했다. 또 어느 할머니는 지금에야 초등학교에 다니면서 국어, 산수를 배운다. 1등을 하려는 등 성적에 대한 부담이 없고, 순수하게 자기의 의지에 따라서 책을 읽는다. 할머니는 "중학교에도 다니고 싶어요. 나는 행복해요!"라고 하면서 함박웃음을 짓는다.

내가 가진 의학박사 학위와, 그 할머니의 초등학교 과정은 같은 무게를 가지고 있다. 노인에게는 학벌이 중요하지 않고,

열정의 크기가 중요하다. 그런 면에서 보면 나의 박사 학위는 할머니의 초등학교 졸업장에 오히려 밀릴지도 모른다. 젊었을 때는 출세나 자기 목적을 이루기 위하여 공부했지만, 늙어서는 오로지 공부 그 자체를 위한 공부를 하게 되기 때문이다. 다만 시간 여유도 있고, 몸이 약해짐에 따라 천천히 쉬면서 노력하는 게 젊은이와의 차이점일 뿐이다.

노인들은 젊은 시절의 모든 것을 그리워할까? 그렇지는 않을 것 같다. 좋았던 날들이 떠오를 수는 있지만, 다시 한 번 더 청춘을 보내고 싶지는 않다. 밝게 빛났던 만큼이나 어두움의 시절이었고, 그 시절의 방황과 혼돈을 생생히 기억하고 있기 때문이다.

청년 시절은 배우려는 열정이 있고 순수하지만, 원만한 생활은 아니다. 잘 살아 보려고 노력하나 그 방향성이 정확하지 않다. 아름답게 느껴지는 시절이면서도, '난 잘 할 수 없어'라는 두려움이 깔려 있다. 사랑도 있지만 불안과 고뇌가 머리를 점령하는 시기이다. 숙달되지 않고 익지 않은 생 속에서 생활을 하기에, 생활에 지혜를 적용시키는 면은 약하다. 어리석음이 크게 작용하는 시기이다. 혈기 왕성하던 시절의 그 많던 희망과 꿈도 세월이 흘러 늙어지면, 한 줄기 헛된 발자취로 남을 뿐이다. 그러다가 늙어갈수록 점차 행복한 생활을 위해서는 어떻게 처신해야 하는가를 알아가게 된다. 관조하는 능력이 생기고 지혜를 가지고 세상을 객관적으로 볼 수 있게 된다.

　노老자는 원래 상대를 존경할 때 사용하는 존칭어이다. 백전노장百戰老將, 노련老鍊, 노숙老熟처럼 '노老'를 달고 인생을 사는 사람들은 젊은 사람들에게 '나도 저렇게 늙고 싶다'라는 생각이 들게끔 해야 하지 않을까.

긴 밤에
찾아온 손님

　나름대로 열심히 산다고 하면서 살아 왔다. 젊은이들이 하는 것을 보면 이것저것 도와줄 수 있을 것도 같다. 그런데 막상 다가가자면 어색하고 겉도는 느낌이다. 부쩍 생각이 많아지고 어떤 날은 온통 한 가지 생각들이 반복해서 머릿속을 맴돌기도 한다. 예전에는 곧잘 실행에 옮기던 일들도 이제는 귀찮고 몸이 무겁다. 가고 싶으나 오라는 곳이 없고, 만나고 싶지만 보고 싶다는 사람이 없다. 그러는 사이에도 하루하루가 천천히 흘러간다. 밤은 긴데, 계절은 휙휙 빠르게 변한다. 만일 이런 생각들이 든다면 당신에게 우울증이라는 손님이 찾아온 것이다.

눈에 보이지 않는 자신과의 싸움을 하는 노인들이 늘어간다. 무기력증과 함께 표현에 서툴러지고 중요한 기억들은 쉽게 토막이 나 버린다. 때로는 하염없이 창문을 내다본다. 자신이 쓸모없어졌다는 허무감이 깊어지면 급기야 우울증을 겪게 된다. 식욕이 줄어들거나 급격히 늘어나기도 하며, 두통이나 신경통이 찾아오기도 한다. 이때 마음 깊은 곳으로 점점 침잠해 들어갈수록 위험하다. 잘못하면 자살이라는 극단적인 선택을 하게 될 수도 있다.

정식으로 진단을 받지 않았을 뿐이지, 우울증에 시달리는 노인은 생각보다 많을 것이다. 어쩌면 고령에 접어든 노인이라면 누구나 한 번쯤은 우울증 증세에 시달린다고 봐도 과언이 아니다. 우울증은 숨기고 외면하면 악화되기 때문에 스스로가 적극적으로 병을 인정하고 주위 사람이나 의사와의 대화를 통해 해소하려는 노력이 필요하다. 좋은 대화는 두뇌 활동을 활발하게 해서 자신의 삶에 대한 이해를 높여 준다. 이를 심리요법이라 한다.

그 외에도 다양한 취미 활동을 통해 자기만족감을 높이는 방법이 있다. 여행, 친교, 정원 꾸미기, 책 읽어 주기, 길거리의 꽁초 줍기 등의 사회 참여 프로그램을 이용하는 것도 좋다. 노인 요양 기관이나 노인 대학 등에서 각종 사회문제에 관해 토론하면서, 표현 욕구를 분출하고 건강한 시대감각을 유지할 수도 있다.

그렇다고 무작정 몰두하는 것은 좋지 않다. 무료한 시간을 '떼우고' 어딘가에 의존하기 위해 억지로 일거리를 만들게 되면 무기력감이 오히려 더 쌓이는 결과를 낳을 수도 있다. 일을 하고 싶은데 일자리가 없는 노인들 중에는 하루 종일 무엇을 만들고 난 후, 부수고 또 만들고를 반복하면서 강제로 시간을 흘려보내는 이들도 있다. 이처럼 시끌벅적한 곳을 싫어하고 차분히 몰두하는 것을 즐기는 노인에게 추천하고 싶은 활동이 바로 종교 생활이다.

나이가 들수록 사람은 자신을 넘어서는 더 큰 세계를 그리고, 존재의 근원을 찾는 질문에 휩싸이게 마련이다. 그럴 때 간단한 기도문을 천천히 써 보기도 하고 간단한 예배 형식을 반복해 보면서 신앙 생활이 주는 감동을 느낄 수 있다. 매일 아침에 해가 뜨는 것을 볼 수 있고, 세 끼 식사가 주어짐에 감사하게 되면서 기도는 점점 단순해진다.

노인들의 신앙심은 청장년과는 사뭇 다르다. 인생의 시작과 끝에 대한 생각, 지나온 삶에 대한 회한과 그리움으로 채워져 한층 풍부하고 깊이가 있다. 신앙은 노인에게 불안과 우울에서 벗어나 안정과 희망에 도달하게 해 준다. 쓰러지기 쉬운 곳에서는 버팀목이 되어 주고, 심한 비바람이 불 때는 숨어들 수 있는 바위 역할을 해 준다. 안온하고 평온한 공간 속에서 홀로 신과 마주할 수 있게 된다.

노년의 고독은
아름답다

따뜻한 햇볕 아래 앉아서 지팡이를 짚은 채 허공을 보고 있는 노인은 언뜻 무료할 것 같아 보인다. 그러나 그는 흔들리지 않는 평상심의 상태로, 지금 세상의 맛을 음미하고 있는 것이다. 현실의 여러 가지를 생각하고 행동으로 옮기면서 살아온 노인은, 이제 자아의 수준을 넘어, 초자아의 경지에 들어가 몰입하게 된다. 그 안에는 영원도 포함된다. 이들은 혼자 있어도 외로움을 절실히 느끼지 않는다. 현실을 초월하여 나와 우주가 하나됨을 느끼는 수준에 이르렀기 때문이다.

그간 인생을 살아가면서 아웅다웅 속고 속이고, 웃거나 울기도 하면서 안절부절할 때도 많았다. 매일 긴장과 고뇌 속에서 투쟁하면서 우울과 불안을 오가곤 했다. 그러나 이제는 그 모든 것이 가슴 속에 차곡차곡 고요하게 쌓여 있다. 과거의 더러운 것들은 창자에서 소화되어, 폐기물로 변하여 항문 밖으로 내던져진다. 더 이상 잡다한 일로 시간을 보내지 않는다. 피상적인 삶을 살지 않고, 사색의 깊은 경지 속으로 몰입한다. 인생을 엄격하게 보지 않고, 여유와 유머를 가진다. 자신을 내세우지 않고, 한 번 더 상대의 입장에서 나를 확인한다. 이런 과정을 거치면서 그는 생명의 근본 문제에 점점 접근해 들어간다. '생명은 우연하게 생겨난 것이 아니고, 어떤 의도하에 존재하게 된 것이 아닐까'라는 물음을 품는다.

나이가 든다는 것은 고독을 즐길 줄 알게 되는 것이고, 영적인 여행을 떠나는 과정이다. 보통의 사람들은 규칙적인 하루를 대수롭지 않게 여기지만, 노년에 접어든 이들에게 아침은 오늘도 살아 있다는 느낌과 감사로 충만한 순간이 된다. 매일 고향을 찾은 것처럼 반갑다. 세상일을 선전하기에 바쁜 TV를 꺼도 허전함을 느끼지 않는다. 내면에서 끊임없이 샘솟는 대화가 더 즐겁다. 고독 속에서 평온하게 가라앉은 마음이 발효가 되면 더 깊은 단계로 진입한다. 바로 고요함이다.

고요는 물결이 전혀 없는 너른 바다나 깊은 산 속 암자처럼 텅 비면서도 없는 것으로 꽉 찬, 꽉 차면서도 아무 것도 없는 텅 빈 상태이다. 다른 것이 섞이지 않은 '절대적인 자기 존재'를 느끼는 상태를 말한다. 고요할 때 인간은 '나는 누구인가'와 같은 존재의 신비를 생각하고 경험한다. 고요함 속 침묵은 정체 상태나 죽음이 아니라, 절대적인 살아 있음의 증거다. 무언가를 꾸미거나 조작하지 않은 깨끗하고 맑은 상태이다.

노인들은 생활 자체가 단순해서 젊은이보다 고요를 경험할 기회가 비교적 많다. 나이가 들면 들수록 고요한 가운데서, 생명의 근원이나 움직임을 보는 지혜가 점차 늘어난다. 일단 이 상태가 되면, 그때부터 노인의 일상생활은 또 다른 의미를 가지게 된다. 이제까지 세상을 바라보던 안경이 새로운 것으로 바뀐다. 긴 시간 방해 없이 숲길을 걸어 보라. 사색을 통해 마음 깊은 곳에서 고요를 만날 수 있을 것이다.

기적을
부르는 마음

세상의 흐름에 대해서는 부정적으로 보는 자와 긍정적으로 보는 자, 그리고 그냥 덤덤하게 보는 자로 나누어 볼 수 있다. 덤덤하게 본다는 것은 큰 희망을 가지고 있지 않은 사람을 말한다. 세상일에 그리 큰 관심을 갖지 않고, 그냥 되는대로 살아가는 것을 말한다. 또한 부정적으로 보는 사람은 대부분 염세주의자로서, 주로 불안이나 우울 등을 겪고 정신적으로 편향된 사람을 말한다.

한편 긍정적인 사람은 적극적인 사람이다. 그는 매사를 인정하고, 자기가 마땅히 해야 할 일에 관심을 가지고 몰두한다. 그는 그 일이 득이 될 때는 기뻐하지만, 손해가 되어도 그 일

115

에서 무언가를 배웠다고 생각한다. 또한 감사할 줄 알면서 행복을 느낀다. 감사를 느끼는 사람은 대체로 세상의 평범함에서도 의미를 찾아서 마음속으로 받아들인다. 그는 조용히 자기 자신에 대한 생각을 많이 한다. 일을 할 때는 언제나 기쁨과 놀라움과 감사함을 느낀다. 감사하는 마음으로 행복한 자는 지금 살고 있는 세상 전체와 그 변화를 온통 기적으로 본다. 바위를 들어 올리면, 꼬물거리는 지렁이나 많은 종류의 벌레들을 볼 수 있다. 일반 사람은 그것을 보고서 더럽다거나 또는 별다른 느낌이 없지만, 그는 미물들의 살아가는 것을 보면서 신비와 경이를 느낀다. 신비를 느낀다는 것은 현실에서 내 마음과 영혼이 깨어 작용하고 있다는 것을 말한다.

이렇게 의식이 깨어 있다면, 세상의 만물은 의미를 가졌으며, 겉모습과는 다른 깊은 뜻이 숨어 있음을 꿰뚫어 볼 수 있다. 이런 것을 나는 '기적을 체험하고 느끼는 것'이라고 말하고 싶다. 그런 사람들은 모두 기쁜 마음을 갖는다. 이런 기적은 우리 생활 주변에서 많이 볼 수 있다.

기쁘면 감사[thank]하고 그 결과, 자기는 행복하다고 생각[think]한다. thank와 think는 같은 어원을 가지고 있다. 감사를 생각하는 사람들은 타인을 불행하게 하지 못할 뿐만 아니라, 타인이 불행해지도록 애쓰지도 않는다.

116

행복은 기쁨을 느끼는 양에 따라 그것의 크기가 만들어 진다. 기쁨의 양을 넓히도록 노력해야 행복이 더 커진다. 욕심으로는 기쁨이나 행복을 만들 수 없다. 일시적인 만족만 있을 뿐이다. 이때의 만족은 사이비 행복이다.

행복은 항상 있는 것이 아니다. 삶의 무게가 우리 어깨를 짓누르기 때문에, 우리는 생활 과정에서 가끔씩만 행복을 느낄 뿐이다. 그리고 행복은 오래 지속되지 않는다. 짧은 것은 무지개처럼 잠시 왔다가는 곧 사라져 버린다. 삶이란 간혹 보이는 행복을 기다리는 기나긴 과정일지도 모른다.

행복은 생활이나 활동 중에서만 오는 것이 아니다. 어떤 철학자는 산보를 하는 중에 사색을 하면서 묵상에 잠기고, 거기서 인생의 원리를 찾아내어 기쁘고 행복해지기도 한다. 깊은 의미를 폭넓게 생각하는 사람은, 그 깊이가 깊을수록 행복을 더 오래 지속시킬 수 있다.

행복의 반대말은 '없다'라고 생각한다. 이는 마치 '사랑한다'의 반대말은 '미워한다'가 아니고 '사랑했다'인 것과 같다. 의미도, 희망도, 이웃도, 친구도, 사랑도, 용서도 '없을 때'를 말한다. 이때의 '없음'을 다른 말로는 '불행'이라 한다. 예를 들어 친근한 이웃이 있다면, '있음' 때문에 그는 불행하지 않다. 행복이 어느 정도로 지속되느냐 하는 것은, 마음의 자세가 어떠하냐에 따라 차이가 난다. 그래서 우리는 마음의 상태에 따라 행복한 사람이 될 수 있으므로, 자신을 행복하게 만들어야 한다.

세상만사는 무엇이든 주고받는 과정 위에 놓여 있다. 사람은 따뜻한 마음이나 물건 등 어떤 것을 선물로 받을 때, 웃으면서 기쁨을 느낀다. 때로는 줄 때에도 기쁠 수 있다. 주거나 받을 때 느끼는 행복의 크기에는 기준이 없다. 그가 어떻게 느끼느냐가 기준이 된다. 다른 사람이 보면 별 것 아닌 일에도, 그는 큰 기쁨을 누릴 수 있다. 일반적으로는 받을 때 느끼는 기쁨보다도, 줄 때 더 큰 기쁨을 갖을 수 있다.

행복에는 주기도 하고 받기도 하는 상대적인 행복과 주기만 하는 절대적인 행복이 있다. 세상의 행복은 모두 상대적인 것이지만, 절대 행복은 하늘나라에서만 존재할 수 있다. 그래도 부모의 사랑은 거의 절대 행복에 가깝다.

종교인은 행복을 생산하는 일꾼이어야 한다. 그러나 그들 대부분은 행복을 만들어 내지 않고 있다. 또는 행복을 만들다가 오히려 불행을 생산하는 일꾼이 되어버리는 경우가 많다.

행복하려면 먼저 감사할 줄 알아야 한다. 이런 감사의 마음을 지속시키려면, 기대감을 줄이고 나와 그리고 상대의 평범함을 받아들여야 한다. '나의 행복은 너의 행복 속에 있다'라는 것을 알고, 상대에게 감사의 마음을 가져야 한다.

그러나 대부분의 가정에서는 '좀 더 나에게 잘 해 주면 좋겠는데', '좀 더 이렇게 해 주었으면 좋겠는데' 등으로 서로가 상대의 평범함을 받아들이려 하지 않는다. 부부나 자식들은 보통 사람인데도, 서로 기대치를 강조하여 갈등을 유발시킨다.

삶에서 감사는 선택사항이다. 감사할 일을 원망하거나, 원망할 일을 감사하는 사람이 있다. 그것은 그가 선택한 것이다. 대체로 깊게 묵상을 하면서 열심히 사는 사람들은 모든 것이 기적이라고 생각하기 때문에, 매사에 감사할 수밖에 없다.

우리는 몸에서도 기적을 보고 느낄 수 있다. 하루에 온몸의 털이 자라는 길이를 합하면 30미터이고, 눈꺼풀은 1년에 520만 번 이상 깜박이며, 심장은 매년 260만 리터의 피를 밀어낸다. 해는 수억 년을 똑같은 모양으로 떠오른다. 이 모두가 기적이 아닌가!

감사의 저 너머에 행복이 있다. 또 '더 이상은 못 참겠다!', '끝장내야 겠다!'와 '죽어도 용서할 수 없다!'의 저 너머에서! 기쁨과 감사와 행복은 따뜻한 웃음을 띠면서, 우리에게 어서 오라고 반가운 손짓을 하고 있다.

좋은 사람으로
기억된다는 것

　이름에는 단순히 호칭 외에도 더 깊은 뜻이 담겨 있다. 그가 어디에 소속되었든 사람들이 기억하는 것은 그 사람의 이름이다. 만일 그가 유명해지거나 훌륭한 사람이 되었을 때는 존경의 의미도 포함된다.

　'이름값을 하면서 살자'라는 말이 있다. 현재를 열심히 성실하게 산다면 그의 이름은 많은 사람들의 머릿속에 깊이 간직된다. 그러면 사람들은 그가 좋은 삶을 살았다고 평가할 것이다. 그는 모두에게 기억될 만한 빛나는 과거를 남길 수도 있고, 누군가의 미래를 밝혀 줄 거울이 될 수도 있다. 이런 사람은 누군가에게 좋은 역할을 하고, 가치 있는 삶을 살아간다고 할 수 있다. 누군가에게서 무엇이 될 수 있는 삶을 사는 것이다. 그는 과거가 아닌 미래를 응시하면서 인생을 살아간다.

만일 그가 살면서 가치를 추구했다면, 그는 새로운 하루가 시작될 때마다 매일 감사함을 느꼈을 것이다. 그래서 오늘은 어제보다 더 열심히 살아야겠다고 결심도 한다. 왜냐하면 하루하루가 귀하기 때문이다. 나의 오늘은 어제와 달라야 한다. 매일의 일이 같은 양상으로 진행된다면, 어떤 발전이나 변화도 없을 것이다. 무엇이든 무의미하게 흘러가 버리도록 방치해서는 안 된다.

누군가에게 무엇이 되고 싶다면 상대를 인정하고, 상대로부터 뭔가를 배울 수 있는 자세를 기본적으로 가져야 한다. 사람들에게서 배우기 위해서는 어느 성별과 세대이든, 어떤 상황에서든 모두와 소통이 가능해야 한다. 나만을 일방적으로 전하는 것은 진정한 의미에서는 무엇이 될 수 없다. 자신의 전부를 충분히 보여 주지 않았기 때문이다.

그러나 사람들은 지금 해야 할 이런 노력은 하지 않고 자기의 과거에만 연연하고 얽매여서, 끊임없이 고통을 받아 뒤돌아보면서 살아간다. 과거 속으로 여러 차례 드나들며 부질없이 후회와 걱정만을 하고 있다. 과거에 집착하며 자신을 괴롭히던 것은 사실 인간들이었다. 그들은 습관적으로 자기가 했

121

던 일에 대해 비판을 하곤 한다. 우리는 이런 태도를 계속 보이는 자로부터 침울한 기분을 느끼게 되어, 자기 스스로가 지쳐 버리게 된다.

미래를 위해서는 꿈이 중요하다. 이를 위해서는 미래라는 불확실성을 염두에 두고 앞으로 일어날지 모르는 위험에 대비하는 자세도 매우 필요하다. 모든 일들은 미래에 긍정적인 영향을 미치도록 해야 한다. 그래서 가치 있게 살기 위해서는 지금 이 시간을 뜻있게 보내는 것이 무엇보다도 중요하다.

가치 있는 삶을 만들려면 관심, 즉 호기심을 가져야 한다. 뭔가 알고 싶은 것이 없으면 삶이 지루하게 느껴진다. 호기심이 있으면 지루함은 사라진다. 큰물 같이 흐르는 세상의 흐름이나 면면히 이어져 온 역사의 현장에서, 또는 자연의 아름다움 앞에서는 아무리 늙었거나 온갖 경험을 가지고 있다 해도, 우리 모두는 여전히 그런 것들에 호기심 많은 어린 아이와 같다.

세상의 일에는 반드시 원인과 결과가 있으며, 그때 도출된 결과가 또 영향을 미치게 되는 이후의 세계가 있게 마련이다. 원인과 결과에 대해 관심을 가지고 이런 세상을 관찰해 보면 재미를 느낄 수 있다.

호기심이 있다면 사람들이 불가능하다고 말해도 행동으로

옮겨 볼 가치가 있다. 사람들이 만류할 때는 그 일이 불가능해서가 아니라, 보통은 하기 어렵거나 귀찮아졌기 때문이다. 반드시 거창하다고 소문난 내용만이 관심을 갖기에 좋은 것은 아니다. 작은 성과라도 많이 쌓이면, 하나의 큰 성과가 가능하다. 에디슨이 전깃불을 밝히게 된 것도 여러 사람들이 이룩한 작은 발견들이 모여서, 그 위에서 이루어진 것이다.

열심히 일하는 자가 능력도 있다면, 언젠가는 반드시 이루어 낼 수 있다. 그는 인간을 위해 누군가가 해야만 할 일이라 생각했고, 그래서 그 일을 해낸 것이다. 빨리 결론까지 도달하고 싶지만, 서두른다고 곧 이루어지는 것은 아니다. '급할수록 돌아가라'라는 말이 있다.

만일 자기가 하는 일이 사람들에게 긍정적인 영향을 미친다고 확신한다면, 다른 사람과 작은 일로는 다투지 않는다. 가치 있는 삶을 산다는 것은 누군가에게 내가 의미 있는 존재가 되는 것으로서, 갈등은 서로에게 좋지 않은 영향을 주거나 받기 때문이다.

삶에서는 좌절하는 횟수가 거의 대부분이고, 기쁨과 성취를 느끼는 기회는 거의 없다. 그래서 정성을 주기도 하고 받기도 하면서, 인생의 느낌을 나눌 친구를 만들 필요가 있다. 이런 친구를 얻기 위해서는 진심어린 마음이 필요하다. 그의 진심을 알아주는 사람과는 마음이 통하므로, 좋은 친구가 될 수 있다.

우리는 살아가면서 주위로부터 도움을 많이 받아 왔다. 그래서 우리는 그 도움에 진 빚을 갚아야 한다. 빚을 갚으려면, 반드시 재주가 아닌 덕으로 해야 한다. 세상에 이익을 주는 것은 덕행에서 나오고, 그 양이나 질에 따라 사람의 됨됨이가 결정되기 때문이다.

우리의 삶을 튼튼하게 해 주는 것은 그의 야망이나 욕심이 아니고, 바로 사명감의 실천에 있다. 만일 일을 할 때 사명감을 느낀다면, 그것은 인생을 풍요롭게 함으로써 삶을 가치 있게 만든다. 그러므로 사명감 수행에 온몸을 던져서, 사명감에 살고 사명감에 죽어야 한다. 그냥 편안히 세월을 보내는 것은 의미가 없는 삶이다.

사명감으로 일하는 사람은 인생의 목표를 반드시 사회 공동의 목표와 같은 위치와 방향에 놓아두어야 한다. 그래야만 같이 살아가는 사람들의 기억에 남는 존재가 될 수 있다. 자신만의 개인적 목표 성취에만 두지 않아야 한다.

우리에게는 건강이 제일 중요하다. 무엇보다 건강해야 '가치 있는 삶'을 살아갈 수 있다. 자신에게는 건강이 축복이고, 건강해야 주변 사람들에게 도움을 줄 수 있다. 몸을 혹사하지 말라. 더 멀리 가기 위해서는 힘을 아껴야 한다. 충분한 휴식도 일의 능률을 올려 주기 때문에 필요하다. 돈을 잃는 것은 조금 잃는 것이지만, 건강을 잃는 것은 전부를 잃는 것이다.

인생에는 시작이 있듯이 끝이 있다. 굵든 가늘든, 길든 짧든, 인생의 길이는 대체로 정해져 있다. 그의 삶에서 뿜어져 나온 향기가 이웃에게 감동을 준다면, 마지막에는 모두가 그를 '잘 살아온 사람'으로 칭송할 것이다.

노인과 어르신의
경계

모처럼 시원한 바람도 쐴 겸, 고향으로 차를 몰았다. 우거진 숲이 맑은 하늘과 어우러져서 매우 아름다운 경치를 만들고 있었다. 근처 들판에는 가끔 사람들이 보였다. 대부분 얼굴이 익은 사람들이다. 그들을 보면서 "그 동안 잘 있었던가?" 하고 인사를 나누면서 생각해 보니, 모두가 노인들뿐이다. 젊은 이는 모두 도시로 가 버리고, 내가 노인이니까 친구들도 모두 노인일 수밖에 없다.

험한 일만 남아 있는 농촌에는 57세 중년 어른이 청년회 회장을 맡고 있을 정도로 노인들만 살고 있다. 하기야 나도 58세에 200킬로미터 마라톤 대회를 완주했으니까, 57세를 청년이라고 할 수도 있겠지만……. 유년주일학교는 학생이 없어서 이미 오래 전에 문을 닫았단다. 10여 년 전에는 늙은 부모를 가족이 돌봐야 한다는 입장을 20대의 70퍼센트 정도가 찬성했는데, 2012년에는 35.6퍼센트만 찬성했다고 한다. 노인을 학대하는 자의 46퍼센트가 아들이고, 그 다음이 배우자란다.

이런 상황인데도 자식이 장년이 되어서까지 부모에 얹혀사는, 일명 캥거루 족이 116만 명이란다. 부모에게 의존하는 것은 많이 배운 사람들도 예외가 아니다. 교육을 받은 것과는 관계가 없다고 한다. 늙었는데도 의무만 많아지고 권위는 자꾸만 사라져가고 있다.

시중에는 우스갯말이 있다. 노년의 일생은 먼저 '하바드 대학생'이 된다고 한다. 정년 이후에는 여기저기 가 볼 곳이 많고 오라는 곳도 많아서, '하'루 종일 '바'쁘게 '드'나드는 사람이 된단다. 분주하게 몇 년을 지난다. 그 다음에는 '하바드 대학교'를 졸업하고, '동경대 학생'이 된단다. '동'네 '경'로당을 다니면서 친구들과 이야기하거나 소일을 하는 생활을 말한다. 그 후에는 목사, 즉 '목'적 없이 '사'는 자가 된단다. 종교를 믿는 사람의 경우 '목'적을 하늘에 두고서 '사'는 사람을 말한단다. 노인의 삶이 어떻게 흘러가는지를 극명하게 보여주는 이야기라고 할 수 있겠다.

부모가 갑자기 병에 걸리면 자식들은 슬픔이 많다. 그러나 '긴 병에 효자 없다'고, 돌보는 기간이 길어지면 자식들의 슬픔은 줄어든다. 너무 오래 아파 누워 있으면 은근히 돌아가시기를 바라기도 한다. 그래서 노년의 삶은 뭐든 적당한 것이 좋은지도 모르겠다. 적당한 기간 동안 아픈 후에, 자식들의 정이 어느 정도 줄어들었을 때가 돌아가시에 제일 적당한 시간이 될 수도 있단다. 자식들의 슬픔도 줄어들고 환자의 고통도 덜 수 있기 때문이란다.

어느 동화에 나오는 이야기이다. 한 농부가 자신의 아버지를 방 한 칸에 가두어 놓고, 조그마한 여물통으로 음식을 담아 주어서 먹게 했다. 그러던 어느 날 어린 아들이 나무 판자를 연장으로 짜 맞추고 있는 것을 보았다. 아버지가 "뭘 하느냐?"고 물으니 아들은 "아빠, 이건 아빠가 늙었을 때 밥통으로 쓰려고 만드는 거야"라고 웃으면서 대답했다. 그날로 할아버지는 가족 식탁에서 자기 자리를 되찾게 되었단다.

사람들은 노년에 대한 이야기를 마치 수치스러운 비밀이나, 입에 담는 것 자체가 부끄러운 민폐처럼 여긴다. 또 노년을 연구한다고 하면 "참, 이상한 연구를 하시는군요"라고 한다. 노년이나 죽음 등은 연구할 가치가 없다는 것이다. 누구나 '늙어감'의 속박에서 조금이라도 더 피하고 싶어한다. 서른만 넘어도 나이보다 젊어 보인다는 말을 듣기를 원하게 된다.

법은 인간을 평등하게 다룬다. 민법상으로는 투표권 등 젊은이와 노인을 똑같이 취급하고, 형법도 몇몇의 경우를 제외하고는 동일하게 무게를 둔다. 그러나 경제적인 지위를 결정할 때면, 노인은 경제활동이 가능하지 않은 이질적인 사람으로 취급한다. 경제활동 인구에 비해 비경제활동 인구는 사회에서 하나의 짐이 되며, 그런 면에서 사회적 지위는 땅으로 떨어진다. 자본주의 사회라서 그런가, '인간이라는 도구'도 이익을 가져 오는 경우에 한에서만 관심의 대상이 될 뿐이다. 노인이 욕망이나 감정을 표현하거나 무엇을 요구하면, '저 노인은 늘 저렇게 주책이야'라고 하면서 빈축을 사 버린다. 그들의 사랑이나 질투를 추하게 보며, 노인들끼리의 폭력은 가소로운 것으로 여긴다. 반면 노인은 각종 미덕의 본보기를 보여 주어야 한다고 생각한다. 이에 대해 리치^{Leach} 박사는 "노인을 폐기물과 같이 취급해 버린다"라고 개탄하기도 했다.

그 결과 사람들은 노인들의 불행에 무관심하게 되어 버렸다. 젊은이는 노인을 경험이 풍부하고 존경할 만한 인간, 저 위에서 세상을 내려다보는 현명한 사람으로 생각한다. 그렇기 때문에 조금이라도 '이상적인 노인상'에서 멀어지면 형편없이 밑바닥으로 굴러 떨어뜨린다. 때로는 '실성한 노인'으로 취급하여 놀림감으로 만든다.

　작가 프루스트는 "청춘기는 꽤 오래 지속된다. 그러나 인생은 바로 이런 청년들을 노인으로 만들어 버린다"라고 지적했다. 젊은이들은 노년기까지 남은 시간을 영원에 가까울 만큼 길다고 착각하는 경향이 있다. 싯다르타처럼 우리 내면에 이미 노인의 형상이 살고 있다고는 생각하지 않는다. 이런 노인에 대한 인식을 근본적으로 바꾸려면 복지 시스템의 새로운 국가적인 기획, 인식 변화를 위한 적극적인 활동, 문화 사업의 활성화 등이 필요하다. 그리고 한 가지, 빠져서는 안 될 것이 바로 노인 스스로의 각성이다.

　노후의 삶을 그저 여유롭게 휴식하는 시간으로만 여기고, 젊은 사람들에게 무작정 훈계하려 들거나, 더 많이 살았다고 대접받기만을 원하는 것. 그리고 이것저것 욕심이 지나쳐 탐욕을 안고 살아가는 것. 이런 태도가 몸에 밴 노인들을 일컬어 흔히 '나잇값'을 못 한다고 한다.

　나잇값이라는 말은 사실 유머와 해학, 그리고 지혜가 함께 혼융되어 느껴지는 독특한 표현이다. 우리 민족의 멋을 함께 나타내는 말이기도 하다. 밥을 먹으면 밥값을 하듯이 나이가 불어나면, 자기 나이에 맞게 행동하여 어른 노릇을 하라는 뜻이다. '나'라는 존재는 한 사람의 개인일 뿐만 아니라, 사회의 구성원이다. 그러므로 '이제까지 살면서 사회에서 받은 덕을 다시 환원시켜라'는 의미가 나잇값 속에 포함되어 있다. 나잇값을 하는 노인이야말로 '어르신'의 자격을 갖추었다고 할 수 있다. 어르신은 인생을 꽃피워서 주위에 깨달음의 향기를 뿜는다. 단순히 관망하는 것이 아니라 적극적으로 삶의 지혜를 후대에 전수해 준다. 어르신은 은퇴로 인해 수입이 줄어드는 것에 의연하게 대처하며, 배우자의 죽음도 묵묵히 감당해 낸다. 그리하여 다음 세대에게 늙어가는 것이 결코 나쁘지만은 않다는 생각을 심어 준다.

1950~1960년대 시골에서는 여름이면 길가 큰 나무 밑에 드리워진 그늘이 주민들의 휴식처였다. 언젠가 한번 젊은이 몇 사람과 할아버지가 이야기를 주고받는 광경을 본 적이 있다. 그들 사이에는 나이로 인한 세대 차이는 물론, 아무런 부담감도 느껴지지 않았다. 서로가 친구인 양, 따스하고 자상한 분위기가 감돌았다.

그 무렵에는 정치의 흐름이 막혀 버렸을 때, 노인들이 해결 방향을 제시하는 것도 볼 수 있었다. 이런 덕스러움은 저절로 이루어지는 것이 아니다. 끊임없는 노력의 덕분이다. 덕스러운 노인이 있다는 것은 우리 사회에 아직 희망이 있다는 것이며, 젊은 세대에게는 축복이 된다.

덕스러운 어르신은 온순하고 부드럽다. 오래 산 자로서의 지혜와 여유로움으로 다른 이들의 마음을 끌어당긴다. 또한 자신이 가진 생각들을 있는 그대로 표현해도 넘치거나 모자람이 없다. 상대방에게는 내면의 따뜻한 온기를 느끼게 한다. 어떤 사실이나 관념에 묶이지 않고, 자유롭게 생각하며, 공격성이 없다. 잡다한 걱정들에 시달리지 않는다. 스스로 존재를 증명해야 하는 압박감에서도 자유롭다. 할 일은 열심히 하고 만사에 거리낌이 없다. 윤리와 도덕을 지나치게 강조하지 않는다. 다른 사람의 말이 길어지더라도 인내심을 갖고 잘 들어 준다. 누군가의 결점을 발견해도 까발리기보다 자제심을 가지고 기다려준다. 무관심이나 경멸, 체념, 포기를 하지 않는다.

은빛 머리카락을 휘날리며 생각에 잠긴 채 걸어가는 노인들은 기품 있는 매력을 풍긴다. 젊은이들에게 '저렇게 늙어야지'라고 하는 마음을 불러일으킨다. 단순히 옷차림과 헤어스타일 때문만은 아닐 것이다. 40세가 넘으면 자신의 얼굴에 책임을 져야 한다는 말이 있다. 그런데 60세가 넘어가면 온몸에서 풍겨져 나오는 내면의 얼굴에도 책임을 져야 한다. 차곡차곡 덕을 쌓은 우아한 어르신이 제 역할을 하는 사회를 꿈꾸어 본다.

음지에 갇힌
노년의 성^性

점심시간에 한 여직원이 "할아버지, 식사하러 갑시다"라고 말을 건넨다. 아래층 식당으로 가면서 미국 백악관 대변인의 성폭력 사태에 대한 얘기를 주고받던 중에, 농담 삼아 "할아버지가 되어도 성 문제만은 어느 정도 가능하다"라고 했더니 여직원이 느닷없이 웃으며 한다는 소리가 "그 말도 여자가 듣기 싫어한다면 성희롱으로 걸려요"란다.

늙어도 곱게 늙으라는 뜻인 듯했다. 젊었을 때는 50세만 되어도 늙었다고 생각했는데, 지금은 그보다도 월등히 나이가 많으니 그럴 만도 하다. 그러나 이 나이에 이런 농담을 할 수 있다는 것은 과학의 발달로 체력, 즉 정력을 충전하는 방법에 많은 발전이 있은 덕분이다.

내가 젊었을 때는 남녀가 수줍어하면서 숨다시피 만나던 것이, 이제는 공공연히 길에서 끌어안고 웃으면서 걸어가는 정도로 변했다. 과거에는 남녀가 마을에서 몇 번 만나는 것이 알려지면, 나중에는 아기를 낳았다는 소문으로 확대되어 버렸다. 그러나 이제는 그 정도로는 화제의 대열에 낄 수도 없다.

빈부귀천을 따질 것도 없이 성욕은 인간의 기본적인 욕망이다. 한 끼만 굶어도 배고픈 것과 같이, 성 문제도 거의 매일 해결해야 하는 촉급한 문제이다. 하지만 식사와는 다르게 성 문제는 언제나 은밀하게 이루어진다. 공공연히 이야기하기를 꺼리고 수군수군 이야기한다. 모두의 문제이면서도 상대의 동의 없이 혼자서는 성 문제가 해결될 수 없기 때문이다. 인생을 알려고 수련하는 자, 특히 성직자에게 제일 고통스러운 것 역시 성적 문제의 처리라고 한다.

늙어서도 남녀의 연심戀心은 일생간 지속된단다. 지금껏 사회에서는 '노인은 성적 능력이 없다'라는 고정 관념이 광범위하게 있었는데, 이는 노인에 대한 이해 부족에서 발생했다. 그래서 배우자가 없어지고 난 후에는 이성 교제나 재혼을 꺼려하는 생각을 당연한 것으로 보았다. 이렇듯 '노년기에 갖고 있는 성 욕구'를 밖으로 표현하지 못하다가 최근에야 노인학이 발전되면서 노인의 성에 대한 연구가 이루어지고 있다.

출생일이 불분명하여 기네스북에는 오르지 못했지만 152세까지 산 영국의 '토마스 파'는 80세에 결혼, 105세에도 아들을 가졌다고 한다. 122세에 첫 부인과 이혼했으며, 찰스 1세의 요청으로 말년에는 왕궁에서 살았다. 그 후 좋은 음식을 많이 먹으면서 살다가, 몇 달 만에 어느 백작 집에서 죽어 버렸다. 부검을 해 본 결과, 성선性腺의 위축이 없었다고 한다. 그는 장수 덕분에 '올드파'라는 스카치 위스키의 상표가 되었다.

아직도 한국에서는 노인의 성 문제에 대해 '추하다, 주책이다'라고 하면서 더러운 것으로 매도한다. 그러나 연구에 의하면 노인의 적당한 성생활은 건강의 활력소로 작용한다고 한다. 피카소는 91세에 35세 부인을 두었다. 노인의 성은 사용하지 않으면 기능이 퇴화된다. 60세 이상의 노인이 60일 이상 금욕하면 대체로 성적 불능에 빠질 가능성이 많다고 한다.

아직도 우리 사회에서는 노인의 성 문제에 대해 관대하지 못하다. 노인들의 성 문제에 대해서는 '쓸데없는 이야기'라고 인식하고 있다. 인생에서 점잖아야 할 노인이 은밀한 행위를 하는 것을 '망측하다!'라고 여긴다. 성 문제란 젊은이와 청소년들만의 문제로만 생각하고 있다.

사람들은 늙으면 성기의 위축으로 섹스가 불가능하다고 믿는다. 또는 능력이 있다 한들 뭘 하랴! 주변에서 삐딱한 마음으로 보기에 스스로 포기해 버린다. 흔히 섹스를 색^色으로 표현한다. 이런 의미에서 '과색^{過色}이 수명을 단축한다'라는 말이 있는데, 요즘에는 오히려 정신적으로 강요된 금욕이 건강을 해치는 형편이다.

노혼^{老婚}을 하려는 사람이 많은 고민을 하게 되는 것도 이 때문이다. 외로움을 피하기 위해 절실한 마음으로 원해도, 자식들이나 주위 사람들이 '좀 참으면 좋겠는데……'라는 식으로 부적절하게 생각한다. 그래서 선뜻 재혼하기가 두려워진다. 이로 인해 인간 간의 접촉이 점차로 줄어들거나, 교제가 없어지면 그만큼 고독은 깊어간다.

노년기의 성행위는 단순히 사정 등 신체적 차원에서뿐만이 아니라, 행위 자체가 즐겁고 마음을 안정시켜서 긴장을 이완시킨다. 육체가 노출된 채 서로 사귀는 쾌감, 속삭이듯 낮은 목소리로 나누는 대화 등도 긴장 해소에 도움을 준다. 건강한 성생활은 불안을 제거하는 좋은 배출 통로일 뿐만 아니라, 노인에게 자신을 한 번 더 돌아보게 하는 역할도 한다. 신체적 능력을 재충전하여, 뭔가 속시원히 해결된 기분을 느끼게도 한다. 활기찬 삶을 살 수 있기에 우울증 등 정신적인 문제를 예방하기도 한다.

1993년 야누스의 성행위 보고서에는 65세 이상의 약 70퍼센트 정도가 적어도 일주일에 한 번 이상 성행위를 한다고 하였다. 성적 욕구가 있다면 회피하거나 참기보다, 성적인 욕구를 적당하게 표현하거나 해소시키는 것이 정신적 건강에 도움이 된다. 특히 남성들이 효과적으로 성 능력을 유지하는 방법은 적극적인 성생활을 하는 것이다

노인의 성은 추하거나 비정상적인 것이 아니고, 마음속에서 움직이는 욕망이자 권리다. 노년기에는 성적 기능이 감소하지만, 언제나 성생활이 가능하다. 그런데도 상당수의 노인들은 성의 능력이 없는 것이 당연하다고 생각해서, 성욕을 느끼면 느끼는 것 자체를 부끄럽다고 생각한다. 마치 물건을 훔치다가 들킨 기분이란다. 이 외에도 노인의 성생활은 불안, 우울, 성적 능력 저하에 대한 우려나 공포(심리적 요인)가 있을 때는 장애가 올 수 있다. 또한 항우울제, 항불안제 복용이나 심장 질환과 당뇨 등 만성 질환도 원인이 될 수 있다. 그 외에도 신체의 큰 수술로 인한 위축감 등도 원인이 될 수 있다. 노인은 음경의 크기 감소, 강직 감소, 발기 각도 저하, 불완전한 발기 등이 일어날 수 있다. 이렇게 성 능력이 감퇴하지만, 완전히 사라지지는 않는다.

성적 욕구가 잘 충족되고 있다면 그것은 노인의 마음에 긴

장을 풀어주고, 만족감을 주어서 오히려 건강과 장수에 도움을 준다. 그러나 사회 문화적 편견 등으로 제약을 받아서 이들은 성교 이외의 다른 방법을 찾는데, 약 10퍼센트는 자위행위를 한다고 한다.

'흰 눈이 덮혀 있는 지붕에서도 집 안의 벽난로는 탈 수 있다'라든지 '늦바람이 용마루를 벗긴다'라는 속담은 얼굴에 주름살과 비례해서 성적 욕망이 줄어들지는 않는다는 것을 표현하는 말이다. 마음은 언제나 청춘이라고 하지만 성에 대해 숨기기 바쁜 노인들, 이제 의기소침한 태도를 버리고 자신감을 갖는 것은 어떨까? 노년기는 소외의 시기가 아니고 '즐거움만 남은 인생의 완숙기'이다. 노년의 성 문제가 잘 해결된다면 장수는 고통의 지속이 아닌 축복이 될 수 있다. 골방 깊숙이 숨겨둔 이야기를 꺼낼 수 있고, 거침없이 노년의 성생활에 대해서 대화할 수 있는 사회를 꿈꾼다.

퇴직 후,
환승 열차를 놓치다

아무리 노력해도 나는 도시 생활에 숙달이 되지 않는다. 시골에서 자라 그런지 매끈하게 일을 처리한 적이 드문 것이 작은 불만이다. 좀 지저분하다는 말을 듣기도 한다. 그러면서도 보무당당하게 걷는 습관은 남아 있다. 그리고 보면 각자 늙어가는 모습도 백인백색인 모양이다.

대체로 노년이 되면 초라해 보이지는 않을까 하는 우려 때문에 사라지고 싶은 피신형, 늙어서도 노익장을 발휘하고 싶어하는 과시형, 지금까지 해 온 여러 일들이 마음에 차지 않는 불만형, 인생의 변화를 있는 그대로 받아드리는 수용형, 살아오면서 행한 모든 잘못은 자기 때문이라는 자책형, 또는 그냥 흐름에 맡기는 방기형 등으로 나뉘는 것 같다. 이런 성격 유형에 교양이 덧붙여지면 인격으로 드러난다. 인격이 형성되는 계기는 대체로 은퇴, 즉 퇴직 전후로 찾아온다.

내가 속한 지역사회 모임에는 퇴직한 사람들이 회원으로 많이 속해 있다. 퇴직은 직장을 그만두고 쉰다는 의미라기보다는, 다음에 할 일을 위해 다른 방향으로 환승하려고 지하철에서 내린다는 뜻이다. 그런데 대부분의 노인들은 다음 할 일을 찾지 못한 채 퇴직하거나 일찍 자식에게 재산을 물려주는 등으로 소득이 감소하여 가난하게 살기 때문에 사회에서 고립되어 있다. 그들에게 일이나 직업이 없다는 것은 휴식이 아니라, 힘겹고 지루한 생활의 계속이다. 파스칼은 "만일 병사나 노동자들이 '일이 고되다'고 불평한다면, 아무 일도 시키지 않는 벌을 주어라"라고 했다. 직업이 없는 것을 고통스럽고도 끔찍한 벌로 보았기 때문이다. 그런데 많은 노인들이 그 벌을 받고 있다. 그들은 비생산적인 존재로 취급을 받을 뿐만 아니라, 노년 인구의 증가로 전체 생산성을 줄어들게 만드는 골칫거리로 전락했다. 정부는 그에 대한 대안으로 출산 장려 정책을 추진하고 있기도 하다.

1961년에는 '알맞게 낳아서 훌륭하게 잘 키우자', 1971년에는 '딸 아들 구별 말고 둘만 낳아 잘 기르자', 1982년에는 '하나씩만 낳아도 삼천리는 초만원' 등 인구 정책의 구호는 계속 바뀌어 왔다. 불과 30년 전만 해도 하나만 낳자는 캠페인을 벌이던 것과는 달리 근래에는 많이 낳기를 장려하는 아이러니한 상황이 벌어지고 있다. 젊은이들의 초혼 연령이 높아지고 이혼율마저 증가해 출산율이 급격히 낮아지게 된 까닭이다. 그에 비해 노인 인구는 지속적으로 증가해 2030년에는 평균 2.7명이 노인 한 사람을 부양해야 하는 것으로 예측되고 있다.

개인당 노년 부양비 감소를 위해 출산율을 높이는 것은 인위적이고 정책적인 방법에 지나지 않는다는 목소리도 있다. 사회 전체의 생산성을 높이기 위해 먼저 해야할 것은 다음 지하철로 환승하는 시기를 놓친 노인에게 갈아 타고 갈 지하철, 즉 생산 주체로서의 자리를 마련해 주는 것 아닐까?

우리나라에서는 1992년 고령자 고용 촉진법으로 55세 이상의 고령자를 직원 수의 3퍼센트 선에서 뽑도록 했고, 그 후 고령자 인재 은행, 노인 취업 알선 센터, 노인 공동 작업장 등 여러 조치를 취해 왔다. 2008년에는 '고용상 연령 차별 금지 및 고령자 고용 촉진에 관한 법률'도 제정했지만, 그 효과는 아직 미미하다. 오히려 기업 경영자 중에는 좀 더 수입이 좋은 경영을 위해서는 벌금을 지불하는 한이 있더라도 고령자의 취직을 꺼리는 사람도 있다. 정년을 55세 이후까지 연장하는 것도 생각해 볼 필요가 있다. 그러나 이는 청년 실업률을 높이기 때문에 사회 전체에 파급효과가 너무 크다. 그래서 청년 실업률을 저하시키도록 노력하면서, 사회적 합의를 거쳐서 점진적으로 진행해야 한다.

외국의 사례는 어떨까? 2010년 10월에 프랑스는 정년을 60세에서 62세로 올리고, 연금 100퍼센트 수급 개시 연령을 65에서 67세로 늦추는 연금을 개혁하는 법안을 만들었다고 한다. 이 법에 따라 재원 조달 방식, 급여 결정 방법, 운영 계획 등을 시행한 결과, 획기적인 변화를 보여서, 700억 유로의 재정을 절감했다고 한다. 영국 정부 역시 2010년 10월부터 노인 인구의 경제활동을 장려하기 위해 65세 정년퇴직 규정을 없애는 계획을 시행하고 있다. 정년 연장을 하면 출산율 증가가 다소 늦더라도 노년 부양비 부담의 증가 속도를 좀 더 늦출 수 있다는 판단 때문이다.

일하지 않고 대우만 받는 노인은 활동 범위가 점차 좁아져, 할 일 없이 자꾸만 외로워질 뿐이다. 고도의 능력을 요구하지 않는 소소한 분야의 일들을 이런 노인 인력으로 대치할 수 있다. 일반인이 관심을 적게 갖거나 아예 관심을 갖지 않는 분야의 일들도 좋다. 예를 들어 자연 녹화 등 환경 분야의 일, 병원이나 요양 기관과 같은 복지 분야에서 보조로 하는 일, 영아 돌봄이, 결혼에서 주례 서기, 장례 절차 등에서의 일, 문화 해설가나 그 지방 소개인의 역할, 학교 화장실 청소 등 세세히 보면 일할 곳이 많이 있다. 또한 각종 지식이 풍부하거나 장년 시절에 사회 지도급의 역할을 했다면, 도서관이나 노인 기관에 관여하거나 젊은이에게 강연으로 도움을 줄 수도 있다. 그런데도 기업 경영자들은 벌금을 지불하는 한이 있더라도 고령자를 채용하기를 꺼린다고 한다. 왜 그럴까?

노인이 사회의 한 사람으로 활동하기 위해서는 시스템의 역할뿐만이 아니라 노인 스스로도 새로 태어나기 위해 노력해야 한다. 하지만 내가 만난 환자를 비롯한 많은 노인들은 다음과 같은 면을 가지고 있었다.

첫째, 자녀에게 의존하려고 한다. 노인이 되면 대부분의 경우 스스로 판단하지 않고, 자녀의 의견을 따라간다.

둘째, 대체로 보수적이고 가족 중심적인 면을 보인다. 그래서 퇴직 후의 생활을 개선하기 보다는 집안의 무료한 일상 뒤에 숨는다.

셋째, 존경과 권위에 집착한다. 젊은 시절의 영광에만 사로잡혀, 사회에서 사라져 가는 존재가 되어 버렸다는 쓸쓸함에 젖는다.

143

국가는 삶에 비용을 부담해야 하는 노인들보다, 젊은이들을 더 원한다. 그러나 노인의 활동을 지원하는 것은 해당 노인에게 정서적 안녕과 삶의 기쁨을 주고, 이런 것은 가족 모두의 기쁨으로 직결된다. 결국 노인에 대한 지원은 노인을 둔 가족을 지원하는 셈이 된다. 노인과 젊은이가 세대를 나누고 다투기보다는, 배려하고 상생하는 문화를 만드는 것이 중요하다.

놀 줄을 알아야 놀지

평균수명의 연장으로 노년기가 늘어나면서 새로운 골칫거리가 생겼다. 바로 '어떻게 놀 것인가'이다. 젊은이들처럼 자기계발을 위해 공부를 하자니 '이 나이에 어디에 써먹을까' 싶다. 여행을 하자니 비용 부담이 되고 자식들한테 괜히 폐를 끼치는 것 같다. 스포츠를 즐기자니 체력이 따라 주지 않는다. 결국 남은 것은 TV나 라디오 청취 같은 소극적이고 정靜적인 활동들이 대부분이다. 방 안에서 우두커니 TV를 바라보는 노인들의 모습이 이제는 익숙한 풍경이 되어 버렸다. 무엇을 보는지는 중요하지 않다. 그저 시선을 붙잡아 둘 무언가에 의지할 뿐이다.

TV 속 세상은 만성적인 무료함에 시달리는 노인의 시간보다 더 활기차 보인다. 실제로는 그렇지 않더라도 TV는 항상 그런 면만을 보여주기 때문이다. 젊은이들은 많은 것들을 즐기면서 살아가는 것 같다. 그런데 가만, 젊을 때 마음껏 욕망을 분출하면서 놀아 본 적이 있었던가? 가물가물하다. 항상 여유가 없었고, 노는 것보다 열심히 일을 하는 것이 더 중요했다. 자신을 꾸미는 시간은 사치에 불과했다. 실질적으로 여가에 대한 개념조차 확립되지 않은 인생을 살아 온 것이다. 그러나 아직 낙담하기에는 이르다.

다행히도 지역사회에서는 '잘 놀 줄 모르는' 노인들을 위한 움직임이 일고 있다. 여가 활동을 위한 시설을 곳곳에 설립해서 친목을 도모하고 있는데, 경로당이 대표적이다. 이곳은 놀이를 위한 공간이면서 사회 참여 욕구를 충족시키기 위한 공동 작업장의 역할을 한다. 또한 노인복지회관에서는 노인 복지를 증진하기 위한 부서를 운영해 각종 상담을 하고, 가정봉사원 파견이나 목욕 서비스 등의 프로그램을 운영하기도 한다. 노래 교실, 관광지 견학, 서예, 컴퓨터 강의, 명사 초청 등을 기획하기도 한다. 운영 면에서 아직 전문성이 떨어지고 체계적이지 못한 것은 사실이다. 노인 복지를 전담하는 전문가가 부족하고 재정이 부족하기 때문이다. 향후 보다 양질의 프로그램이 개발된다면 노인들의 정서 수준 역시 높아지고, 우울증뿐만 아니라 육체적인 질병을 해결하는 데에도 도움이 될 것이다. 이는 곧 사회 전체에서 노인 부양을 위한 비용을 절감하는 효과를 가져올 것이다.

노년기에 할 수 있는 여가 활동 중에서 무엇보다 보람 있고 추천할 만한 것 중 하나는 바로 '자서전 쓰기'이다. 사람은 죽어서 이름을 남기고 호랑이는 죽어서 가죽을 남긴다고 했다. 노년기가 되면 누구나 한 번쯤 주위 사람들에게 '내가 살아온 세월을 책으로 쓰면 몇 권쯤은 될 것이다'라는 호언장담을 하게 된다. 과거를 돌아보며 잘한 것과 못한 것, 돌이키고 싶은 실수와 응어리진 마음, 성공의 기억들을 기록해 두고 싶은 마음 때문이다. 그런데 선뜻 펜을 들자니 어디서부터 이야기를 풀어 가야 할지도 모르겠고, 자서전이란 왠지 사회에 굵직한 업적을 남긴 사람들이나 쓰는 거창한 것으로 여겨지기도 한다. 그러나 자서전 쓰기는 생각만큼 어려운 것이 아니다. 선술집에서 막걸리 한잔을 놓고 하던 이야기들을 그저 문장으로 풀어 내기만 하면 된다. 개인의 성장 과정이라든지, 어떤 꿈을 품고 살아왔는지, 무엇을 계기로 인생에 변화를 겪었는지 등을 일기 쓰듯이 차분히 써 내려가면 되는 것이다.

자서전을 쓰는 동안 노인의 머릿속에는 일생이 스쳐 지나

간다. 추억이 스쳐가고 반성하는 마음이 들기도 하며, 언젠가는 맞닥뜨릴 죽음에 대해 차분히 생각해 보는 여유도 생기게 된다. 또한 후손들에게 당부하고 싶은 말들을 정리해 보는 계기가 될 수도 있다.

실제로 서구에서는 그룹 자서전 쓰기가 상당한 인기를 끌고 있다고 한다. 혼자서 고독하게 글을 쓰는 것보다 서로의 인생 경험을 공유하는 것이 한결 좋은 효과를 내기 때문이다. 무엇보다 노년의 고질병인 소외감과 고립감에서 탈출할 수가 있고, 자기중심적이고 폐쇄적인 일상에 활력소가 될 수 있다. 그룹 자서전 쓰기는 노인대학과 같은 독립된 공간에서 토론을 통해 진행되며, 진행자의 역할이 특히 중요하다. 표현하기를 꺼리는 노인들에게 열린 마음을 심어주는 것이 자서전 쓰기의 첫발이기 때문이다. 또한 회원 각자의 지적 수준이나 취미가 맞지 않으면 어색해질 수 있기 때문에 취미나 활동이 비슷한 노인들로 모임을 구성하는 것이 좋다. 나이나 성별로 묶을 수도 있고, 요양원 입소 동기나 노인대학 입학 동기 등으로 한정할 수도 있다. 현재 대구시에도 이런 모임이 개설되어 있다. 한 반에 약 15명 정도가 모이고 4명의 멘토가 지도한다고 한다. 월 1회 2시간 정도로 모임을 갖고, 그 모임이 끝날 즈음에는 작품집을 출간한다고 한다.

각자가 준비해 둔 분량이 책 한 권을 만들기에 부족하다면, 그룹으로 글을 모아서 한 권으로 만들어도 좋다. 그러나 이마저도 힘들어한다면 굳이 강요하지 않는 것이 좋다. 글쓰기 활동으로 친해지더라도, 그것이 계기가 되어 야외 경치를 구경하는 등 다른 방향의 활동으로 이어질 수 있기 때문이다. 중요한 것은 어떤 방식으로든 '잘 노는 법'을 배우는 것이니까 말이다.

3장

세상만사, 저마다 때가 있으니

쓸데없는
짓일까?

오전 중에는 매일 하는 일과^{日課} 이외에 바쁘게 해야 할 일들은 거의 없다. 진료의 시작은 특별한 일이 없는 한 9시에 시작한다. 병원으로 가는 출근길에는 닭과 오리를 몇 마리 키우고 있는 곳으로 가서 모이나 물을 주곤 한다. 병실을 회진하고서 식사를 끝내면 오후 1시쯤 된다. 커피를 한 잔 하고는 주위 가게들에서 키우는 개들과 토끼에게 밥을 주려고 돌아다닌다. 참, 쓸데없다.

또 퇴근한 후에는 집 주위에 살고 있는 개들과 고양이들에게 먹이를 준다. 개 주인들은 모두 나를 반긴다. 어떤 주인은 새끼 개를 낳으면 나에게 한 마리를 주고 싶다고 한다. 또 다른 곳의 개 주인은 내가 사료를 주는 것을 보더니 시무룩한 표정이었다. 그래서 이것저것 대화를 시작하게 되었고, 나의 직업이 의사라는 것을 알고 난 후에는 매우 호의적으로 대해 주었다.

그들과 주로 하는 대화의 내용은 '생명은 귀한 것이다. 생명을 이어 주는 것은 관심(사랑)이다. 인간의 생명만이 소중한 것이 아니고, 모든 생명의 가치는 동등하다'와 같은 것들이 대부분이다. 모든 가축들은 그들에게 다가가면 나를 반긴다. 개는 꼬리를 흔들고, 닭은 꼬꼬댁 하면서 나에게로 온다. 토끼도 조용히 다가와서 내가 주는 아카시아 잎을 야금야금 오물오물 재롱스럽게 입에 문다.

들에 버려진 고양이는 처음에는 약 5미터쯤 떨어진 곳에서 먹이를 받다가 이제는 2미터쯤 가까이서 먹이를 얻는다. 그냥 지나가면 '야옹' 하면서 소리를 지른다. '먹이를 주고 가시오'라고 윽박을 지르는 것 같다. 고양이 사료를 준 다음에는 개를 네 마리 키우는 옆집으로 간다. 내가 가까이 가면, 그놈들은 야단법석이다. 줄에 묶인 네 마리 개가 소리를 지르면서 나를 반긴다. 여름에는 아스팔트가 달아올라서 개들이 사는 곳은 거의 70도 정도로 뜨거워져 있다. 이놈들은 잘도 더위를 버티어 낸다. 축 늘어져 있다가도 가까이 다가가면 게으르게 기지개를 켠 후 어슬렁거리며 다가온다. 아무리 좋은 먹이라도 더위에는 이기지 못하는 모양이다.

입이 주걱 같은 거위, 뾰족한 닭, 앙칼진 고양이, 어리석을 정도로 순진한 토끼, 꼬리를 마구 흔들어대는 개 등 모든 짐승은 공통된 한 가지 습성이 있다. 인간이 관심을 보이는 만큼 그것을 알아차린다는 것이다. 자신의 모든 것을 보여 주고, 인간이 그놈들을 잡아먹으려 하면 울면서도 자기들의 육체를 아낌없이 헌사한다.

들에 버려진 고양이가 집 근처에서 새끼 세 마리를 낳았다. 나는 어느 날 갑자기 이놈들을 발견하고 난 후 먹이로 '고양이 새끼용 사료'를 사서 주었다. 이놈들은 세상의 풍파를 겪지 않아서인지 처음부터 나를 피하지 않았다. 잘하면 친구가 될 수도 있겠구나.

꽥꽥거리는 오리가 친구가 되리라고는 생각지도 않았다. 날이 쌓이고 만남이 반복될수록 오리는 더 빠르게 나에게 다가온다. 달려오는 속도와 친밀감은 비례하는가 보다. 오리가 달리는 속도는 매우 느리다. 다른 종류의 동물들이 달리는 속도와는 비교를 할 수가 없다. 그런 오리가 뒤뚱거리면서 빨리 오려고 애써 노력하는 어설픈 모양새를 보면, 어딘지 뭉클하다.

보신탕 재료로 쓰이느라 개 도둑에게 끌려 나가는 겁에 질리고도 슬픈 눈의 멍멍이를 TV에서 본 적이 있다. 사람이든 짐승이든 죽느냐 사느냐 하는 문제는 생명체가 품고 있는 우주 안에서 존재와 소멸이 걸린 문제다. 인간이 배고픔을 해결하는 것도 중요하지만, 그것을 위해 약한 짐승들을 마구잡이로 잡아가는 것을 '어쩔 수 없는 일'로 두둔할 수 있을까?

짐승들은 거짓말을 하거나 사기를 칠 수가 없다. 인간이 추구하는 부나 출세도 모른다. 주는 대로 먹고, 조용하면 잠이나 잔다. 일은 하지 않고 빈둥대면서 세끼 밥만 먹는 사람을 우리는 '개 팔자'라고 하지만, 개 팔자도 한번 꼬여 버리면 지독하리만큼 비참해진다. 짐차의 뒷칸에 몇 층으로 빼곡히 갇혀서 죽을 장소로 가고 있는 개들의 운명은 슬프다. 어디 부당함을 호소할 데도 없다. 인간의 운명은 저마다의 믿음에 따라 사후세계로도 통한다지만 개들은 그런 생각을 할수 있을까? 신이 있다면 따져 묻고 싶다. 하나님! 당신은 왜 인간만 선택했습니까? 동물도 보호받아야 하지 않습니까? 너무합니다.

'영원'은 인간들만의 몫이 아니다. 생명체와 사랑을 하는 한, 우리는 짐승들과도 '영원의 정류소'에서 만날 수 있다고 생각한다. 성경에는 인간과 짐승의 구분을 명확히 해 두었다. 그런데 내가 만일 예수로 태어난다면 나는 짐승도 인간과 같이 사랑의 대상으로 선언할 것 같다.

요즘 짐승과 친하게 지내는 시간을 습관처럼 만들고 있다. 대부분의 사람들은 할 일 없이 시간을 허비해 버리는 '쓸데없는 짓'으로 평가할지도 모른다. 책이나 더 볼 것이지 나는 왜 이런 일에 신경을 쓰고 있는가? 시간의 남용인지, 유용인지 아직도 잘 모르겠다. 그저 자꾸 하고 싶고, 좋아해서 짐승들을 찾아갈 뿐이다.

비목,
사상 앞에서 무너진 사랑

　수년 전 친구 부부들과 떠난 강원도 여행은 매우 뜻깊었다. 그중에서도 전방 근처를 둘러보면서 우리 일행은 새로운 마음을 가질 수 있었다. 조국의 분단을 확인했으며, 현실에서는 아직도 이념이 우리를 지배하고 있음을 실감했다. 나는 안내자의 설명 속으로 빨려 들어가서 잠시 현실을 잊어버릴 정도였다. 안내자는 돌무더기가 있는 곳을 가리키면서, 그림을 그리듯이 소상하게 설명을 해 주었다.

　6·25 사변 당시, 강원도 시골의 어느 마을에는 홀어머니와 나이가 18세 되는 딸이 함께 살고 있었다. 연탄은 물론 전기마저 없는 골짜기에서, 장작으로 불을 지피고 호롱불로 밤을

겨우 넘길 정도로 가난에 찌든 집안이었다. 간혹 들리는 바람 소리나 까마귀 소리가 유일하게 고막을 울릴 뿐이었다. 이북의 공산군 부대는 어김없이 첩첩산중에 있는 이 집을 찾아와서 숙식을 강요했다. 그 집에 머무는 동안 공산군 중 한 군인은 이 순진한 처녀의 몸을 수차례나 짓밟았다. 그 후 남쪽으로 진격하던 그들은 수개월 후 후퇴하기 시작했다. 그러던 중에 군인은 다시 이 집을 찾아와 이틀간 머물렀다.

그는 예쁜 처녀의 배가 볼록한 것을 보았다. 그녀가 귀엽고도 사랑스러웠다. 그러나 자신과 그 처녀 사이에는 단절만이 존재할 뿐, 영원이란 불가능하다는 것을 착잡하게 느끼면서 뜬눈으로 밤을 지샜다. 딱 꼬집어서 말하기에는 명확하지 않은 그리움이랄까? 뭔가가 보이는 듯도 했다. 하지만 그곳에 오래 머무를 수는 없었다. 시간이 꿈을 꾸듯이 흘러갔다. 처녀와의 미래를 이곳에 묶어 두면 좋으련만……. 잡히면 총살감이라서 군인은 흐느끼며 이북으로 도망치듯 가 버렸다. 처녀는 어머니의 도움으로 산통 끝에 옥동자를 낳았다. 그러나 아기는 아버지가 있으면서도, 다시는 볼 수 없는 운명이었다. 영원한 이별이란 게 이렇게 간단하게 찾아오는가!

시간은 매정할 정도로 차갑고도 냉정하게 흘러갔다. 세월이 흘러, 아들은 16세가 되었다. 이제는 때가 되었다고 생각해서,

어머니는 출생에 대한 자초지종과 아버지에 대한 이야기를 해 주었다. 그녀는 과거에 공산군이 적어 준 주소를 가지고 있었다. 그 당시에는 이북 측과 연락을 취했다 하면 간첩으로 지목되어 총살감이 되었다. 아버지에 대한 이야기를 들은 아들은 아버지가 어떤 분인지 매우 보고 싶었다. 늘 북쪽으로 아버지 얼굴을 멍하니 그려 보면서 그리움으로 가슴을 적셨다. 그렇게 18세가 되던 어느 날, 아들은 단단한 결심을 했다. 아버지를 만나러 가기로 한 것이다. 그는 남모르게 휴전선을 넘어가려고 작전을 짰다.

요리조리 국군을 피해가며 이북으로 넘어간 그는 결국 아버지를 찾았고, 엉엉 울면서 아버지의 품에 안겼다. 아버지 역시 남한에 두고 온 자식에 대한 생각을 한시도 잊은 적이 없었다. 부자父子는 서로의 따뜻한 체온을 느꼈다. 얼마나 그립던 아버지인가! 밤새도록 뜬눈으로 이야기를 한 후, 아들과 아버지는 영원한 이별이 될지도 모르는 작별을 해야 했다. 아들에게는 민주주의나 공산주의는 모르는 일이었고, 오직 그리움으로 가슴이 저며 왔다. 그들 사이에 사상은 아무 의미가 없었다.

38선을 무사히 통과하는 것은 거의 불가능했다. 아들은 숨을 죽이면서 남모르게 숨어서 내려오다가, 그만 국군에게 들커 버렸다. 이윽고 '탕탕!' 하면서 불을 뿜는 총격에 그는 그 자리에서 영혼을 하늘로 날려 보냈다. 아버지를 겨우 만났을 뿐, 야속하게도 보고 싶은 어머니와는 영원히 만나지 못하게 되었다.

국군 초병은 그의 소지품을 조사하면서 인적사항을 발견해, 어머니에게 연락을 했다. 연락을 받은 어머니가 헐레벌떡 도착해 보니, 아들은 "엄마!"라는 인사도 없이 거적때기에 덮혀 차갑게 식어 있었다. 시계는 멈춘 듯하고, 햇빛이 쨍쨍 내리쬐는 가운데서도 앞이 캄캄해 방향을 잡을 수가 없었다. 광야에서 외톨이가 된 듯 했다. 세상은 아들과 자신을 내팽개쳐 버린 것 같았다. 30대 중반의 어머니는 아들의 시체 앞에서 고꾸라져 혼절하고 말았다.

한참을 지난 후에 어머니는 겨우 일어나, 아들의 시신을 말끔히 닦아서 깨끗한 무명천에 쌌다. 근처에 흙을 파고 아들을 묻었다. 괭이나 호미가 없어서 손으로 할 수밖에 없었다. 거의 돌만 있는 곳이라서, 그 무덤은 돌무덤이라 해도 좋을 정도였다. 어머니는 자신의 혼을 아들과 함께 합장해 묻고 난 후, 비틀거리면서 집으로 돌아왔다. 고통으로 가득한 암갈색 마음은 기약 없이 온 하늘을 방황하고 있었다.

그 근처 양지바른 곳에는 또 하나의 무덤이 있다. 그 무덤의 주인공은 진해 근처에서 수년 전에 아버지를 여의고, 어머니만을 모시고 살던 학생이었다. 학생은 군대에 입대하기 전날, 담을 사이에 두고 애인과 만나 눈물을 훔치면서 이별을 했다. 그 당시에는 공개적으로 남녀가 만날 수가 없었다. 어떤 남녀가 웃으면서 자주 만나면, 사람들은 연애한다고 수군대던 때였으니까 말이다.

전방 초소 배치를 받고 근무하던 중에, 그는 공산군의 총격으로 목숨을 잃게 되었다. 이제 애인의 음성을 더 이상 들을 수 없게 된 것이다. 어머니는 아들이 사망했다는 연락을 받고 그곳으로 허겁지겁 달려갔다. 다시 만나자는 애인과의 약속을 뒤에 남겨 두고, 그는 어머니의 오열과 눈물을 베게 삼아 땅에 묻혔다. 영원을 향해 기러기마냥 훨훨 날아가 버렸다. 그 무덤은 이북에서 넘어오다 사살된 강원도 총각의 돌무덤 근처에 있다.

동료들은 무덤 앞에 십자가 표식의 나무를 꽂아 두었다. 귀가 찢어질 정도로 고요가 시끄럽다. 한명희가 작사한 〈비목〉이라는 노래는 혼란의 시대를 살다 간 이들의 무덤에 서린 슬픔과 한을 느끼게 한다. '초연이 쓸고 간 깊은 계곡 양지녘에, 비바람 긴 세월로 이름 모를, 이름 모를 비목이여……'라는 구절에서 우리의 마음은 애절함, 안타까움, 허무함, 방향 잃음, 끝없는 미로, 절벽 끝으로 몰린다. 아니, 우리 스스로가 자원해 들어가려 한다.

일반 사회의 상식으로는 진해에서 자란 청년의 죽음은 애통하고, 강원도 총각에 대해서는 범법자의 죽음이 되므로, 안타까운 마음이 사라져 버리는 사람도 있을 것이다. 그러나 위의 두 어머니는 모두 눈물을 흘린다. 한 사람은 남한의 남편을, 또 한 사람은 북한 남자의 자식을 가지고 있었다. 또 임신 방법도 전혀 다른 형태로 이루어졌다. 그런데도 자식에 대한 그리움은 똑같이 무한대이다.

두 아버지는 모두 우리 동포이다. 그런데 국군은 공산군의 아들을, 공산군은 국군 측의 아들을 총살한 것이다. 사상적으로 이들은 다른 부류의 집단에 소속되어 있지만, 모자지간이라는 기본적인 인간관계만은 갈라놓지 못한다.

두 어머니에게는 공산주의나 민주주의는 뭐가 뭔지 모를 소리였다. 그냥저냥 살아갔을 뿐이다. 그런데도 두 가정의 아들은 서로 반대편의 사상을 가진 군인으로부터 총살을 당했다. 사상이라는 게 도대체 뭔지, 이렇게도 철저히 인간을 편가를 수 있는가? 사상은 시대의 산물인가? 사상은 생명을 초월하는가? 사상과 사람은 서로 반대되는 개념인가?

163

잘 가래이, 검둥아

저녁에 속보 운동을 하면서 마주치는 개들의 눈매는, 언제나 맑고 깊은 물속을 들여다보는 듯하다. 어쩌면 사랑을 호소하는 것 같기도 하다. 조금 떨어진 곳에서 다가가면 살랑살랑 꼬리를 흔들지만, 더 가까이 다가가면 꼬리 끝이 안 보일 정도로 마구 흔들어 댄다. 심지어는 껑충껑충 뛰면서 나에게 안기려 한다. 그러다가 몇 번은 흙 묻은 발로 나의 옷을 더럽힌 적도 있다.

내가 하고 있는 운동은 매우 지루하다. 그래서 나는 지겨움을 없애기 위해 매번 건빵을 사서, 걷는 중에 만나는 개들에게 먹이를 던져 준다. 그러면 나는 그들의 환영을 받으면서 지루하지 않게 운동을 할 수 있다. 개들도 자기를 좋아하는 것을 알아차리는 모양이다.

그중 대로변에서 끈에 묶여 살고 있는 덩치 큰 검둥이의 주인은 어느 날 나에게 "내일 이놈을 팔려고 한다"라고 했다. 주인은 약 500미터 떨어진 곳에 살고 있는데 하루에 두 번, 밥을 주기 위해 검둥이에게 오곤 했다.

그동안 검둥이와 나는 매일 만나면서 정이 들었다. 내가 다가가면 검둥이는 좋아서 뛰며 꼬리 끝이 보이지 않을 정도로 마구 흔들어 댄다. 나는 이놈을 만날 때마다 시끄러운 대로변에서 한 여름의 찌는 더위 속에서도 아직도 살아 있구나, 하고 감탄 겸 안심을 할 수가 있었다. 먹이를 보고서도 검둥이는 계속 왔다 갔다 하면서 설치는 통에 더러는 밥그릇을 차 버리기도 하고, 물통을 뒤엎어 버리기도 한다. 영혼을 여행 도중에 잃어버린 것처럼 안절부절한다. 컨테이너 밑의 좁은 잠자리에서 흙에 뒹굴어 털은 뿌옇다. 온통 먼지투성이다. 때로는 자기가 싸놓은 똥을 지근지근 뭉개 버리기도 한다.

대화를 하려고 바라보아도 검둥이는 계속 움직이고 시선을 잘 주지 않는다. 대로변에서 들리는 시끄러운 차 소리도, 푹푹 찌는 말복의 더위도, 3미터 길이의 끈에 묶인 것에 대한 불만도 없다. 내가 사랑에 젖은 눈매로 은근히 보아도 검둥이는 흘끔 쳐다볼 뿐이다. 그러면서도 나를 보면 제정신이 아니다. 아무래도 나를 미칠 정도로 좋아하는 것 같다.

그러나 내일은 팔려 가기 때문에 이별을 해야 한다. 검둥이는 헤어지게 되리라는 것을 모르는 모양이다. 아침에도 내가 먹이를 주었다. 점심 때에는 작별을 위한 성찬을 같이 나누려고, 핫도그와 냉수 한 병을 사 들고 개 앞에 섰다. 검둥이에게 핫도그와 물을 주었다. 물은 둘 사이의 이별주로 생각해서 샀던 것이다. 생수병의 4분의 3을 개에게 주고, 남은 물은 내 몫이었다. 나는 "브라보"를 외치며 검둥이의 눈을 바라보았으나 이놈은 다른 곳만 응시하고 있었다.

그래도 좋다. 나는 나직이 이놈에게, "검둥아, 우린 이제 헤어져야 해. 영원히 만나지 못할 것 같아, 가더라도 인간에게 잡혀 먹히지 말고, 밥 잘 먹고 잘 살아라"라고 했지만 말뜻을 모르는지, 무관심한 표정이다. 이것이 가슴을 더 아프게 한다. 슬퍼서 울려고 하면, 지능지수가 좀 더 높아야 하지만, 무식한 검둥이는 눈물이란 걸 모르는 모양이었다.

나의 눈만 일그러졌다. 울컥 눈물이 맺힌다. 마음을 진정한 후 녀석을 다시 보니 계속 딴전이다. 어쩌면 내 쪽에서만 일방적으로 관심과 사랑을 줬을 뿐인 것도 같다. 사랑은 서로 주고받는 것이지만, 나는 계속 주기만 했다. 먹이도 주고 관심도 주었다. 중단하지 않고 앞으로도 이놈에게 사랑을 주고 싶지만, 이제 녀석이 내 눈에서 사라져 버릴 텐데 어떡하지?

인간은 영원을 생각할 수 있다. 그럼 이놈들도 세상이나 우주, 영원을 느낄 수가 있을까? 영원을 안다면, 이놈들도 신의 존재를 알 수 있을 것이다. 만일 신을 안다면, 이놈들은 신에게 원망을 할 것이다. '하루 종일 끈에 묶여서, 인간의 자비만을 기다려야 하는 것은 너무 심한 차별이다. 우리도 냉방 시설을 갖춘 곳에서 여름을 나고 싶다. 왜 우리는 인간의 뱃속에서 소화되어야 하나?'라고 항의 겸 원망을 할 것이다. 그러나 눈치를 보니 신 따위에는 관심도 없는 막된 얼굴이다.

7월 말의 한더위에는 찌는 아스팔트 열기를 온몸으로 받아내야 한다. 검둥이에게는 이것이 운명인 것 같다. 그들의 운명은 인간의 손에 달려 있다. 목이 말라도 끈에 묶여 있기 때문에 물이 끈 길이보다도 조금만 멀리 있어도 마실 수가 없다.

먹거리가 부패된 것인지 여부는 문제가 안 된다. 썩은 것이면 왕창 설사를 크게 해 버리면 된다. 설사가 아주 심하다면 죽으면 그만이다. 그러면 주인은 개장국으로 팔 수가 없어서 조금 손해를 볼 뿐이다. 검둥이의 운명이 이처럼 가혹하게 흘러가지 않으면 좋으련만!

사정없이 먹어 치우는 검둥이의 얼굴은 매우 무식하게 보인다. 어떤 개는 예쁘고 귀엽거나 불쌍한 인상이지만 검둥이의 인상은 마구 밀어붙이는, 우둔하면서도 우락부락 용감한 그런 얼굴형을 가지고 있다. 그러나 그런 얼굴이니까 나는 이 놈을 더 좋아하는가 보다. 못나도 나는 네가 좋다. 예쁘장한 서양의 개보다는 우악스런 네가 더 좋다.

너 같이 지지리 못나게 생겼지만, 마음만은 비단결 같이 고운 놈도 있을 수 있다. 외모로만 따지지 말라. 너의 얼굴은 순수하다. 사기꾼들은 외모나 마음을 요리조리 꾸민다. 남에게 잘 보이려 한다. 그러나 너는 꾸밀 필요가 없다. 너의 눈매는 찢어지는 형태여서 잘 꾸며 보아야 그 얼굴에 그 얼굴이다. 지금이나 똑같다. 아예 꾸미기를 포기해라. 그래서 순수한 너의 모습을 그대로 보여 주어라.

인간끼리만 사랑을 주고받는 것은 아니다. 사랑이란 잘난 생물들끼리만 하도록 전매특허가 난 것 또한 아니다. 못난 얼굴에 말을 못하는 너와, 잘난 척 하면서도 얍삽한 인간인 나와도 사랑이 가능하다. 어쩌면 우리 사이의 사랑이 오히려 더 큰 감동으로 주변을 적실 수도 있다.

나는 대충 이런 방식으로 이야기하고, 검둥이는 멍멍 짖으면서 우리는 사랑을 나누었다. 그리고 때로 검둥이는 꼬리로 말하고, 나는 손으로 쓰다듬으면서 서로 사랑을 표현했다. 이렇게 보면 사랑은 모든 종류의 생물끼리 나눌 수 있는 '만국 공통어'인 것 같다.

　나는 왜 너를 좋아하는지 이유를 모르겠다. 왜 그 많은 개들을 두고 하필 못난 너를 좋아할까? 이런 만남을 두고서 사람이란 존재는 우연, 또는 인연이라 표현한다. 단 인연이란 인간끼리의 유관함을 표현하는 단어이므로, 우리의 관계는 우연이라 불러야 할 것 같다.

　'내일이면 너는 내 눈에서 사라지게 된다. 나는 네가 없는 곳에서 너의 순수하고도 무뚝뚝한 모습을 마음속에 그리면서 열심히 살아갈게. 잘 가래이. 검둥아! 무식한 님아! 처음에 너는 나에게 놈이었으나, 이제는 님이 되었다. 사랑하는 님아, 비올 때 피할 수 있고 아무리 주인이 배고파도 너를 도축장에 보내지 않을 집에 가거라! 네 수명 끝까지 살다가 이 세상을 떠나면 그때, 저쪽 세상에서 다시 한 번 어설프고 무식한 너와 속칭 똑똑한 인간인 내가 만나서 놀아 보재이. 안녕 이놈아!'

까마귀를 보는
두 가지 시선

　중소 도시의 외곽, 산과 근접한 거리에서 살고 있어서 그런지 재잘거리는 참새 소리에 새벽이 열리고, 산소 냄새가 콧속을 아리게 하면서 시원하게 가슴에 스며든다. 간혹 높은 나뭇가지를 발판 삼아 하늘을 나는 까마귀와 까치 소리가 창공을 흔들기도 한다.

　수십억 개의 뇌세포를 가지고 있는 인간은 동일한 것을 보거나 경험해도, 그것에 대해 생각하거나 묘사하는 것은 정반대로 나타날 수 있다. 아침에 까치 우는 소리를 들으면 어떤 이는 "시끄럽다"라고 하고, 누구는 "까치가 우니 반가운 손님이 오겠지"라고 한다. 똑같은 말을 들어도 혹자는 욕이라 여기고, 혹자는 충고라 여긴다.

세상만사에는 양극단이 나타난다. 어두운 밤에 촛불을 켜면 음과 양이 선명하게 드러나듯이 사랑이 있으면 미움도 있다. 사상이 극단으로 대립되면 전쟁이 일어나기도 한다. 공산주의와 자본주의, 종교 근본주의와 일반 신앙 같은 거대한 갈등뿐만 아니라 작은 시골 마을 내에서도 작은 생각의 차이로 편이 갈리기도 한다. 양극단과 그 사이에는 여러 단계의 중간층이 나타난다. 한여름과 한겨울이 있으면 그 사이에 늦여름, 초가을, 가을, 늦가을, 초겨울 등이 생긴다. 정치에서도 진보와 보수의 양극단 사이에 중도 세력이 모여 있다.

사람의 마음은 한 가지로 꼬집어 말할 수 없다. 흑색인 것 같은데 백색이 나타나고, 그 반대도 가능하다. 잘난 사람도 사귀어 보면 결점이 발견되고, 첫인상과는 달리 볼수록 비단 같은 마음씨를 가진 경우도 있다.

며칠 전, 길에서 쓰러진 사람을 응급실로 운반해 준 어떤 사람을 찾고 있다는 기사를 읽었다. 감사를 표하기 위해서였다. 그 다음 날에는 길에서 습득한 돈을 신고하여 선행으로 표창장을 받았지만, 그 돈의 일부를 편취해서 오히려 범죄인으로 입건된 사람에 관한 기사가 실렸다. 선행과 악행이라는 양극단은 멀어 보이지만, 그만큼 가깝기도 한 거리인 것 같다.

까마귀에 대한 우리의 인식을 보면 동일한 것을 두고 얼마나 극단적인 차이를 나타내는지 알 수 있다. 대부분의 사람들은 까마귀를 '재수 없는 새凶鳥'로 여긴다. 까마귀는 짐승이 죽고 난 후, 썩은 고기를 먹는다. 그래서 입이 더럽다고 한다. 털의 검은 색은 사망을 연상시킨다. '까악, 까악' 하면서 걸걸하게 우는 소리는, 음울한 기분을 느끼게 한다. 한편 '까마귀 날자 배 떨어진다'와 같은 속담도 있다. 아무 관계없이 한 일이 공교롭게도 때가 맞아 들어가서, 어떤 관계에 연루되는 것처럼 공연한 의심을 받게됨을 이르는 말이다. 또 오합지졸烏合之卒, 즉 까마귀가 모인 것처럼 질서와 규율이 없고 무질서한 병졸 또는 군중을 이르는 말도 있다. 이처럼 까마귀를 좋아하는 사람은 거의 없다. 까마귀를 보호하자는 말을 들어본 적이 없으니까. 오죽하면 다음과 같은 시도 있다.

까마귀

카옥 카옥 카옥 카옥
예전에는 사람들이 나의 소리만 들어도
섬뜩하여 가던 길도 흠칫 멈추고 서서
오늘의 자기 行身을 불안스러워하고

자기 삶의 모습을 살펴보기도 하더니

요즘 세상은 온통 소음과 소란이라

나의 소리 따위는 들리지도 않겠지만

더러 보행하던 사람들이 쳐다보고도

저런 쓸모없고 재수 없는 날짐승이

아직도 살아남았나? 하는 표정들이다

-구상, 〈까마귀〉

또한 까마귀를 싫어했던 선조의 시조도 있다.

가마귀 싸호난 골에 백로야 가지마라

성낸 가마귀 흰빗찰 새올세라

청강에 잇것 시슨 몸을 더러일까 하노라

-정몽주 모친 이약여

그렇다면 까마귀에 대한 긍정적인 평을 살펴보자.

중국 진나라 황제가 신하 이밀에게 관직을 주었는데, 이밀은 이를 사양했다고 한다. 황제는 노발대발하여 이밀을 불러들였다. 그러자 이밀은 "제가 까마귀 같은 마음으로 홀로 남은 어머니를 돌아가실 때까지 봉양하고 싶습니다"라고 아뢰었단다. 황제는 이를 허락해 이밀은 자식된 도리를 다 할 수 있었다는 이야기다. 이것을 반포지효反哺之孝라고 표현하는데, 까마귀 새끼가 자라서 늙은 어미에게 먹이를 물어다 준다는 뜻이다. 그래서 까마귀를 반포조反哺鳥 또는 자오慈烏라고 칭하기도 한다.

성경에도 까마귀가 등장한다. 노아의 홍수 때도 그렇고, 「열왕기」에는 하나님이 요단 강 가에 숨어 있는 엘리야에게 까마귀를 수단 삼아 떡과 고기를 주셨다고 나온다. 하나님은 까마귀에게 일할 기회를 주신 것이다. 예수 역시 가난한 자, 병자, 낙인 찍힌 자, 창녀, 까마귀 같은 존재들을 친구로 삼았다.

까마귀는 정력제란다. 그래서 사람들은 산에는 산삼, 들에는 인삼, 바다에는 해삼, 그리고 하늘에는 비삼飛蔘이라 하여 까마귀를 지칭했다. 까마귀는 몇 달 전에 숨겨 둔 먹이를 찾아낼 정도로 지능이 비교적 높고, 죽은 고기를 먹어서 청소해 주는 좋은 작용을 하기도 한다. 가까운 나라 일본 역시 까마귀를 길조로 여기고, 북유럽에서도 지혜를 상징하는 새로 여긴단다. 다음 시조를 보면 까마귀는 오히려 인간보다도 나은 면이 있는 것 같다.

174

가마귀 검다하고 백로야 웃지마라

것치 거믄들 속조차 거믈소야

아마도 것희고 속 검을슨 너뿐인가 하노라

−이직^{李稷}

인간은 죽은 고깃살을 기름에 볶고, 튀기고, 압력솥에 찌고, 기름을 쳐서 지지거나, 불이나 전기 오븐에 쬐어 굽거나, 물에 삶거나, 기름에 데치고 익혀서 악랄하게 처분하여 먹는다. 그러나 까마귀는 썩은 것조차 그냥 먹는다. 편견이 없는 잡식성을 가지고 있다. 저 멀리, 인간이야 알아주든 말든 유유히 날아가는 까마귀 한 마리를 본 듯도 하다.

175

세상만사,
저마다 때가 있으니

어떤 사람들은 '삶은 살얼음판 위를 걷는 것과 같다'라고 표현한다. 적당히 즐기며 살고자 하는 사람들은 '그렇고 그런, 깊지도 않고 얕지도 않은 삶이 제일 좋다'라고 한다. 모든 생명체는 살아 있도록 주어진 시간이 있다. 상품으로 비유하자면, 저마다 유통기한이 있는 것이다. 1년 중에도 계절이 있듯이 인생에도 시즌이 있다. 날 때와 죽을 때, 심을 때와 거둘 때, 울어야 할 때와 웃어야 할 때가 있다. 이런 각각의 때에 맞게 사는 것이야말로 인생의 기회를 잡을 수 있는 길이다.

자연의 계절과는 달리 인생의 계절은 변화무쌍하다. 길고 긴 장마가 끝나고 겨울의 혹한이 불어닥칠 수 있고, 가을의 선선한 바람 끝에 무더운 폭염이 찾아올 수 있다. 사계절 내내 봄이 지속되기도 한다. 그러나 아무도 이런 인생의 모순과 부조리에 항의할 수가 없다.

세상사도 마찬가지다. 악한 사람이 돈을 많이 벌 수도 있고, 선한 사람이 가난할 수도 있다. 이웃을 자주 보살피는 자가 어렵게 사는데도, 깡패 두목은 고급 외제차를 타고 다닌다. 요령을 잘 부린 사람이 선거에서 당선되기도 한다. 좋은 일을 많이 한 사람은 '나는 가난해도 다음 세대에는 우리 집이 잘 살겠지…'라고 생각하지만 아들 대에도 적당적당하게 살아간다. 그러다가 '손자 세대에는 우리 집이 잘 살겠지…'라고 생각해도 나쁜 수단으로 사는 집보다 어렵게 산다. 아무리 해도 잘 되지 않으면 최후에는 '죽고 나서 보자! 우리 집 식구들은 천당 가겠지! 악한 자는 지옥으로 가고…'라고 생각할 수도 있다. 여기서 종교가 생겨난다. 인간의 머리로는 세상의 모순을 도저히 해결할 수 없을 때는 종교에 미뤄 버린다. 세상을 만든 신만이 그 뜻을 알아 줄 것이라고 생각하게 된다.

인간은 약하디 약한 존재다. 태평양을 헤엄쳐서 건널 수 없고, 휴전선 철조망을 넘어서 원산에 갈 수 없다. 도로에서는 시시각각으로 빨간불, 공사 중, 위험 표지판, 과속 방지턱, 속도 제한, 급커브, 과속 감시 카메라, 이동식 카메라 등이 제동을 건다. 때로는 바위가 굴러떨어지거나, 고물 차가 고장 나서 앞길을 막고 서 있기도 한다.

제일 빠르다고 우승하는 것은 아니다. 약물 검사에서 걸리지 않아야 한다. 황금 숟가락을 물고 태어나서 좋은 여건에서 공부하고 멋진 집안과 혼사를 맺는다고 해서 반드시 성공하는 것도 아니다. 인생 중년쯤 어딘가에서 펑크가 날지 모른다. 똑같은 시간에 태어난 쌍둥이라도 둘 다 부자가 되지 않는다. 또한 지식이 많다고 해서 모든 사람에게 총애를 받지는 않는다. 오히려 똑똑하기에 사람들이 싫어할 수도 있다. 한 번도 병원에 가지 않은 건강한 자가 뒤늦게 난치성 질병을 발견해 고통받기도 한다. 사회적으로는 성공했으나 부부간의 화목에는 금이 가는 경우도 있다.

때로는 행운과 불운이 동시에 같은 사람에게 불쑥 나타나기도 한다. 종잡을 수가 없다. 23억 원의 복권 당첨금을 받은 자가 공중목욕탕에서 스스로 목을 매 죽기도 했다. 또 어떤 사람은 19억 원에 당첨되었으나 가정이 깨지고 아내에게 폭력을 행사하여 감옥에 갇힌 신세가 되었다. 그의 수중에 남은 돈은 5천만 원이 전부였다.

신은 인생을 절대로 만족하지 못하게 만들었다. 금을 사랑하는 자는 금으로 만족하지 못하고, 풍족함을 쫓는 자는 자신의 소득에 만족하지 못하게 제한 조치를 해 두었다. 이는 우리에게 한번쯤 고개를 들어 인생의 유한함과 영원을 생각에 보라는 뜻이다. 인간은 모든 것을 남겨 두고 떠나야 한다. 아무리 머리를 짜내고 애써 쌓아 두어도, 빈손으로 가야 하는 존재이다. 모으는 건 평생이지만 두고 떠나는 것은 한순간이다. 행여 남겨 놓더라도 어느 자식이 말아먹을지 모른다. 통탄할 일이다!

숨은 잘 쉬는가? 심호흡 때 기침이 잦은가? 반듯이 걷는가, 또는 비실비실 걷는가? 잘 먹는가? 기쁘게 감사하면서 먹는가, 억지로 먹는가? 잘 자는가? 잘 웃는가? 잘 노는가? 재미있는가? 찡그린 얼굴이라면 성공을 한들, 이 무슨 중요성이 있겠는가!

어디로 튈지 모르는 시간

조선 정조 때의 문장가이자 실학자였던 박지원은 『열하일기』에서 '성인聖人 공자가 242년간의 역사를 정리한 저서의 이름을 『춘추』라 했지만, 모든 일은 곧 한 가지枝에서 꽃피고 잎이 지는 순식간의 광경일 뿐이다'라고 했다. 같은 시간을 두고도 어떤 이는 길다고 하고, 어떤 이는 짧다고 한다. 시간의 흐름을 우리는 세월이라 한다. 그 시대에도 세월을 느끼면서 살았던 모양이다.

미국의 대표적인 영어사전 웹스터Webster's Dictionary에는 시간을 '연속선상에 있는 두 시점 사이의 간격'이라 했고, 아인슈타인은 '시간은 절대적인 것이 아니며, 관찰자에 의해 좌우되는 상대적인 개념'이라고 정의했다. 동양에서는 시간을 매일이 반복되듯 순환하는 것으로 생각했으나, 서양에서는 계속 진행해 일직선으로 흘러가 버리는 것으로 여겼다.

시간은 상황과 감정에 따라 그 길이가 달라진다. 두 연인이 바쁜 중에 5분간 만나서 이야기하면, 그 5분은 마치 30초와 같이 지나가 버린다. 그러나 빚에 쪼들리던 사람이 채권자에게 강하게 요구당하면, 5분도 두세 시간 같이 길고 지루하게 느껴진다. 바둑을 둘 때 시합에 임한 사람은 깊은 생각에 빠져 시간의 흐름을 잊어버리지만, 옆에서 구경하는 사람은 한 수를 두기까지 천천히 흐르는 시간에 지루해 할 수도 있다. 행복한 시간은 길게 늘이고, 괴로운 시간은 짧게 줄일 수 있다면 좋으련만, 신은 인간에게 어디로 튈지 모르는 변덕스러운 시간을 선물한 것 같다.

과거에는 시간 개념이 약했다. '아침에 해가 떠오를 즈음, 오후 늦게' 등 막연한 표현을 주로 사용했고, 행인이 거리를 물으면 넉넉히 10분에서 30분까지는 '조금만 더 가면 된다'라고 하면 되었다. 당시의 생활은 지금보다 여유가 있었고, 마음가짐 또한 느긋했던 게 아닐까. 그런데 요즘에는 0.01초까지 시간을 나누고, 과학에서는 시간을 나노 수준까지 쪼개어 본다.

시간은 그리스 신화에 나오는 신들의 이름에서 유래한 세 가지 단어로 구분할 수 있다. 하루 24시간, 1년 365일 등 그리스어로 흘러가고 있는 시간을 의미하는 '크로노스^{Chronos}'는 시·분·초, 낮과 밤, 계절 등의 일반적인 시간을 말한다. 이때의 시간은 수평적, 사회적, 양적인 시간이고 시작과 끝이 있는 시간이다. 시간 관리를 잘 한다는 것은 바로 크로노스의 시간을 의미한다. 이 시간은 지루할 때는 느리게, 기쁠 때는 빠르게 흘러간다. 응급실 환자의 한 시간은 영원과 같을 것이고, 파티에서의 시간은 순식간이 될 수 있다.

또한 사람이 살아가는 동안에 경험하게 되는 시기들, 즉 공부할 때, 결혼할 때, 양육할 때, 은퇴할 때 등으로 나뉘는 시간은 '호라^{Hora}'라는 단어로 표현한다. 이것은 대체로 크로노스에 포함된다. 크로노스와 호라는 측량 가능한 시간이다.

그 외에도 시간을 표현하는 말로 '카이로스^{Kairos}'가 있다. 카이로스는 신이 지정한 시간을 의미하며 모든 생명의 태어날 때와 죽을 때, 징계를 받는 때, 축복을 받는 때 등의 시간을 표현하는 단어다. 그래서 크로노스 기간을 짐승처럼 살면, 카이로스의 마지막에는 비참한 종말을 맞는다고 했다. 이 시간은 신과의 수직적이고 질적인 시간을 의미한다. 자유의지를 가지고 있는 인간은 카이로스에 대비할 자유를 가지고 있다.

크로노스의 시간은 인간이 관리하기가 불가능하지만, 카이로스 시간은 마음먹기에 따라 얼마든지 늘릴 수도 줄일 수도 있다. 카이로스의 시간을 잘 사는 사람은 시간의 노예가 아니라, 시간의 주인이 되어서 가치 있고 효과 좋은 삶을 살 수 있다고 한다. 이 시간을 많이 가지면 알찬 인생이라 한다.

카이로스의 다소가 인생의 질적인 수준을 좌우하지만, 사람들은 대부분 이것을 놓친 채 허겁지겁 크로노스를 발버둥 치듯이 살아간단다. 때를 거스르면서까지 자신의 세속적인 의도를 관철시키려고 하기 때문이다. 어찌 됐든 카이로스의 의미 있는 시간을 놓치면, 그 기회는 다시 반복되지 않고 지나가 버린다.

크로노스에서는 누군가에게 영원히 멈춰 버렸으면 좋을 정도로 행복하고 아까운 시간이지만, 누구에게는 영원처럼 느껴지는 고통의 시간이 될 수가 있다. 적성에 맞고 연봉도 많은 직장의 하루와 단순한 노동이 반복되는 곳의 하루는 같은 길이인데도, 순식간과 지루함으로 양극화된다.

죽음이라는 기한을 가지고 태어난 인간에게, 시간은 공간과 함께 인간을 속박하는 한계이다. 종교에서는 사람들이 크로노스 안에서, 가능한 한 카이로스 시간을 많이 선택할 것을 권한다. 그런 면에서 죽음과 시간을 하나로 본 인도인들의 철학이 남다르다. 산스크리트어로 '하라hala'는 '시간'이라는 말이면서, '죽음'이라는 뜻도 가진단다. 세상의 모든 것은 시작과 그것의 끝의 시점이 있다는 것, 즉 생生이 있으면 사死는 반드시 따라온다는 것이다. 작자 미상의 시 구절이 생각난다.

오늘은 좋은 날, 햇빛에 눈이 부셔 좋은 날.

바람 불어 머리 날려 좋은 날.

비 내리니 질퍽거려 좋은 날.

태어나기 좋은 날.

살아가기 좋은 날……

딱 죽기 좋은 날.

하루하루 뼈 빠지게 일해도 고통스럽기만 하고, 지루하여 하품이 나는 세상이다. 그러나 죽은 후의 세계보다야 개똥밭에 굴러도, 이 세상이 더 좋지 않겠는가!

오래 신은 신발을 바라보며

우리 몸에서 제일 더러운 곳은 콧구멍과 발가락 사이, 그리고 손톱 밑이라고 한다. 공기 중에 있는 모든 세균들이 콧구멍을 통해 허파로 들어가고, 손으로 물건을 만지면서 손톱 밑을 까맣게 물들인다. 또한 땀 성분에 절은 때가 발가락 사이에서 세균을 키워 냄새를 만든다.

자유당 정권 시절에는 너 나 할 것 없이 주로 고무신을 신었다. 농부들은 그 신을 신고서 산과 들로 일을 하러 다녔고, 아이들은 장난감이 없어서 고무신을 접어서 배를 만들어 강에 띄우거나 자동차 놀이를 하기도 했다. 다기능 제품의 역할을 한 것이다.

그 시절 시장의 주막집에는 방마다 손님이 와글와글거렸고, 축담에는 고무신이 질펀하고 무질서하게 놓여 있었다. 어떤 이는 음식을 먹고 나올 때, 자신이 신고 온 헌 신 대신에 새 신을 한 켤레 슬쩍 신고 나오는 식으로 해서 평생을 새 신만 신고 다녔단다. 이런 행동은 사실상 절도에 해당하지만, 당시에는 애교로 봐주었다. 시골을 제외하고 고무신을 거의 볼 수 없게 된 요즘, 다양한 신발들 덕에 언뜻 발이 호강하고 있는 것도 같다.

발은 다른 부위에 비해 덮혀 있는 때가 많아서 세균의 성장에 적당한 온도와 습도가 유지되므로, 쉽게 세균의 온상이 된다. 특히 조직에서 나온 분비물은 썩는 냄새와도 같은, 고린내를 풍기기도 한다. 때로는 무좀이라는 균이 발톱을 야금야금 빼 버리기도 한다. 발바닥은 쿠션감을 위해 두껍고, 각질이 쌓여 있어서 피부가 잘 벗겨진다. 신발은 이런 난해한 곳을 담당할 뿐만 아니라 헤어져 닳을 때까지 인체의 무게를 지탱해 줌으로써 소리 없이 남모르게 희생하는 역할을 한다. 험한 산길이나 더러운 곳에서도 서슴없이 주인의 발길 닿는 데로 따르는, 충실한 신하의 역할을 해 준다. 대변을 밟아도 어쩔 수 없고, 못에 찔려도 항의나 호소가 없다.

뚱뚱한 사람의 신발은 주인의 무게 때문에 더 큰 고통을 당한다. 100킬로그램인 사람이 30킬로그램의 짐을 들면, 발바닥은 130킬로그램을 지탱해야 한다. 또 산지를 오르거나 평지를 조깅하면 체중의 3배에 달하는 무게를 지탱해야 한다. 마라톤 선수의 신발은 또 어떤가! 100리가 넘는 길을 쉬지 않고 짓눌려야 한다. 마라톤화 같은 중노동에 필요한 신발은 그 운명이 죽도록 일하는 팔자인 모양이다. 과학자들은 마라톤화를 과학적으로, 가볍고 정교하게 만들었다. 그래서 신발은 더욱 고통을 당한다.

근래의 신발은 발 모양에 잘 맞추어 만들어진다. 그 자체가 곧 과학이다. 환기성과 쿠션, 재질 등이 좋은 것이어야 잘 팔려 나간다. 그리고 포장된 아스팔트 위를 사뿐사뿐 움직인다. 외양이 좋은 구두를 반들반들하게 닦아서, 날카롭게 줄이 선 바지를 입으면, 주인의 기분은 날아갈 듯하다. 때로는 비싼 호텔 식당에서 빛을 발하면서, 주인을 도와주고 있다. 일은 하지 않고, 간혹 파티에서 춤이나 추는 주인을 만나면, 그 신발은 가장 행복할 것이다.

그러나 약간이라도 헌 신이 되어버리면, 가차없이 버림을 당한다. 볼이 좁은 신발은 통증을 유발해 도저히 신을 수 없게 되기도 한다. 그러면 빠른 시일 내에 쓰레기통에서 최후를 맞게 된다.

신발은 노예의 위치에 비견된다. 노예들은 고향이 그리워도 갈 수 없었고, 사랑하는 어머니를 볼 수도 없었다. 옛날 서양에서는 이런 노예제도를 통해 국가의 부를 축적하였다. 노예선에 관해 다룬 영화 〈따망고〉에서 주인공은 "산 사람은 팔려 가지만 죽은 시체는 팔지 못한다. 여러분들은 여기 남아 백인의 노예가 될 것인가? 아니면 저들과 싸워서, 죽어 자유의 몸이 될 것인가?"라는 비장한 연설을 한다. 프랑스로 돌아오는 배 안에서 감동받은 흑인들은 결국 싸우기를 굳게 결심한다. '따망고'라는 흑인 전사가 반란을 선동하고 마침내 사생결단의 처절한 결투가 벌어진다. 노예들은 하라는 대로 하는 신발 같은 존재에서 벗어나 인간답게 살기 위해 목숨을 걸고 투쟁한 것이다.

요즘도 신발의 처지와 비슷한 사람들이 있다. 고금리 사채라는 끈에 묶여 끌려 다니는 사람, 대학 등록금을 마련하기 위해 아르바이트로 젊은 날을 소진하는 학생들, 돈을 벌기 위해 은밀하게 몸을 파는 이들까지……. 이들의 고통을 알고 하루빨리 더 나은 삶을 위한 선물을 마련해야 할 텐데, 대체 어디서부터 시작해야 하나?

빅토르 위고의 명작 〈레미제라블〉에는 성경을 읽기 위해 촛대를 훔치는 장면이 나온다. 이 소설에서는 어디까지가 절도 행위인지에 대해, 그 기준과 범위가 헷갈리는 대목도 있다. 선과 악이 같은 장면에서 동시에 나타나기 때문이다. 그러나 훔친 물건은 훔친 것이다. 그것은 장물에 속한다. 경전을 읽기 위해 훔친 절도 행위나, 굶주린 아이의 배를 채워 주기 위해 빵을 절도하거나, 사흘을 굶어 눈이 뒤집혀서 식빵을 훔친 경우든 무엇이든 정황을 참작할 수는 있으나, 그 모두가 절도 행위임에는 틀림없다.

범법적인 절도 행위는 주로 가난한 자들이 일으킨다. 사회에서 가난함은 약자 편이 되는 것을 말한다. 이들에게는 반드시 복지 정책이 필요하다. 이들의 가난함은 자신들의 능력 부족이 원인일 수 있지만, 가진 자들이 행하는 권력의 부당한 행위 때문인 경우도 적지 않기 때문이다.

근래에는 가진 자를 '갑'으로, 그곳에 취직한 사람들을 '을'로 표현하는 것이 일반화되어 있다. 세월의 흐름에 따라 갑을 관계에서 갑의 범법은 줄어들고 있지만, 그들이 빈한한 자의 노동의 대가를 교묘하게 착취하는 경우가 드물지 않게 신문에 나타난다. 지금의 사회에서 노동자층이 저항하는 것의 대부분은 자신들의 몫을 찾기 위해서인 경우가 많다.

부자들은 남의 것을 가로채더라도 매끄럽게 빠져나가서 절도죄에 대한 처벌을 면하는 경우가 많다. 진실이라는 잣대로 볼 때, 이는 불공평하다고 할 수 있다. 가난한 자의 잘못은 눈에 확 띨 수 있지만, 부자들의 갈취는 눈에 잘 띄지 않는다. 은근하다. 이런 혼재를 분류하거나 끊고 잘라서 구분하는 일은 언제나 거창하게 시작되지만, 결국에는 그저 겉핥기 수준에서 끝나 버리는 경우가 많다. 그래서 당하는 자는 대부분 힘이 약한, 가난한 자들이다. 힘 있는 자, 권력자가 법보다 위에 있는 사회에서 가난한 자는 약한 정부에 대해 본능적인 두려움에 사로잡힌다. 그 결과 그들은 강한 권력의 하부에서 생활하고, 권력은 그들에게 일을 시킬 수 있게 된다. 서민층에 대한 복리가 선거에서 항상 정견이라는 이름으로 아름답게 포장되어 발표되는 것도 우연이 아니다.

독일에는 '경전을 읽기 위해 촛대를 훔치는 것은 죄가 아니다'라는 판결과 격언이 있다고 한다. 훔친 촛불을 밝혀 두고 경전을 열심히 읽는다면, 그 시초야 어떻든 그 사람을 감화시켜서 사람다운 사람으로 만들 수 있는 선善의 행위에 도달한 것이기 때문이라고 한다. 경전은 읽기가 매우 어렵고 지루하다. 문체가 딱딱하고, 읽는 맛을 느끼기가 힘들다. 일부러 '읽으라'고 해도 읽지 않을 이 책을 스스로 읽으려고 촛대를 훔친다면, 그는 분명 도덕적인 사람이 되기 위해 노력하는 사람이라는 해석이다. 그런 사람의 행위는 '훔쳤다'라고 하기 보다는, 잠시 빌려가는 마음으로 가져갔을 것이다. 이로 볼 때 독일 사람들은 인간 행위를 이해하는 폭이 우리보다 더 넓은 것 같다.

과거에 피땀 흘려 산골에 꽃동네라는 마을을 일궈서, 가난한 사람들에게 생계를 유지시켰던 신부神父가 있었다. 그러던 신부가 마을 운영 과정에서 부정을 저질렀다고 언론의 재판대에 올려지는 것을 보았다. 고의가 아니었을 것이다. 일을 하다가 한계를 조금 넘었을 뿐일 것이다. 만일 독일에서 이런 일이 일어났다면, 어떻게 판결을 했을까?

과거에는 대가성이 없는 정치자금은 거액일지라도 죄가 되지 않는 때가 있었다. 그러나 이제는 그런 일이 불가능하게 되었고, 그 돈은 더러운 돈일 가능성이 많다고 판결을 한다. 돈의 청결성 여부가 시대마다 틀리는가 보다.

바야흐로 법의 잣대가 세세한 곳까지 미치기 시작했다. 선진 국가에서는 인간의 조그만 활동에까지 한계를 설정한다. 대한민국도 발달된 나라로 변하고 있다고 생각하면 될까? 우리는 잘못한 행위에 대해 법이 엄하면 엄할수록, 또 법에 헛점이나 틈새가 없으면 없을수록, 사회는 '깨끗하게 변한다'라고 생각한다. 그러나 법은 그 사회에 범죄가 많고 복잡할수록, 틈새를 막기 위해 완벽을 추구하고 세밀화되어 간다. 이렇게 보면 지금 우리나라에서 더 조밀하게 따지는 법이 만들어져 간다는 것은 이 사회에서의 범죄가 늘어나고 점차 지능화되고 복잡화되어 간다는 뜻이다.

중국 고전에는 임금이 있는지 없는지도 모르게 태평성대를 누리면서 삶을 사는 것을 이상적인 국가로 보았다. 즉 법이 필요치 않는 평화로운 사회를 이상적으로 본 것이다. 이것을 현대 사회에 적용해 본다면, '을'은 '갑'이 있든 없든 열심히 일하고 '갑'은 '을'이 생활에 안심하도록 배려하는 것이 이상적인 사회가 아닐까?

경전을 읽기 위해서 촛대를 훔쳤다면, 그런 행위는 용서받을 수 있는 사회가 되었으면 좋겠다. 그 자체로 법에 저촉이 안 되거나, 애써 외면할 수 있는 사회가 되었으면 좋겠다. 그것이 바로 여유와 멋이 있는 세상이 아닐까? 법보다 인정이 더 크게 작용하는 사회가 그립다.

용서,
세월이 약이겠지요

미국 프로야구 경기장에서 오심 판결로 시끄러웠던 적이 있다. 심판이 판정을 잘못하여 퍼펙트게임을 놓치게 된 것이다. 이에 백악관마저도 판결을 번복할 것을 권했지만, 위원회는 '오심도 판결의 한 부분'이라면서 받아들이지 않았다. 그러나 심판 개인은 실수를 인정하고, 투수에게 미안함을 표시했다. 투수는 울면서 사과를 받아들였다고 한다. 미안함을 표시하는 용기와 그것을 받아들이는 대범함이 감동을 준다. 용서는 이렇듯 아름다운 것이다.

성경에 나오는 '돌아온 탕자 이야기'에서는 또 다른 용서법을 엿볼 수 있다. 두 아들을 둔 아비가 있었는데, 차남인 탕자

194

가 억지를 쓰고 강요한 끝에 아비는 탕자에게 집안의 재산을 분배해 주게 된다. 탕자는 재산을 가지고 멀리 떠나 호화로운 생활을 하다가 전 재산을 날려 버린다. 결국 어느 목축업을 하는 가정에 하인으로 취직해, 소와 돼지를 먹이면서 겨우 밥을 얻어 먹는 처지가 된다. 그러던 어느 조용한 밤에 탕자는 별을 보면서 곤궁한 자기 처지를 곰곰이 생각하다가, 심한 꾸중을 들을 각오를 하고 집으로 돌아가기로 결심한다.

아버지는 오매불망 자식을 걱정하고 있다가, 저 멀리 동네 입구에서 집 나간 아들이 돌아오는 것을 보고는 황급히 달려 나갔다. 아들을 껴안고 기쁨의 눈물을 흘리던 그는 아들을 앉혀 두고 그간에 벌어진 여러 이야기들을 들어 보았다. 그리고 며칠 후 동네 사람들에게 아들이 돌아온 사실을 알리고 잔치를 벌인다.

차남이 없는 동안 장남은 매일 아버지를 도와서 묵묵히 열심히 일했는데도 잔치를 해 주지 않자 아버지에게 "왜 나를 위해서는 잔치를 베풀지 않느냐?"라고 불만을 나타낸다. 그때 아버지는 "차남은 죽었다가 다시 살아난 것과 같으니까 잔치를 한다. 그러나 너는 내 옆에서 살고 있지 않느냐!"라고 대답한다. 아버지는 탕자에게 꾸중을 하는 대신 잔치라는 용서를 베푼 것이다.

성실하게 일하는 장남의 불만에도 일리가 있다. 그러나 자식을 키워 보면 잘 된 자식 걱정보다는, 여러 가지로 모자라는 자식에게 많은 걱정과 관심을 기울이게 된다. 못난 자식이 부모가 바라는 방향과는 다르게 자꾸만 샛길로 빠지면, 평생 동안 근심을 가슴에 얹고 산다. 부모의 마음은 용서하고 싶은 마음의 연속이기 때문이다.

용서는 영혼의 양심이다. 진리에 빚을 진 사람이 그 빚을 갚으려는 거룩한 행위다. '용서 못해!'는 남을 용서하지 않는 만큼, 자기도 잘못하면 절대 용서를 받지 않겠다는 의미다. 그러므로 용서를 하면 용서하는 쪽에서 그 혜택을 제일 많이 받는다. 종교적인 입장에서 용서 받지 못할 존재를 용서한다면, 그 행위는 그가 죄인 한 사람을 석방시켜 주는 것과 같은 정도로 감동적인 선행을 한 것이다. 용서를 통해 석방되는 자는 용서를 하는 바로 '나'인 것이다.

그가 나에게 '납작 엎드려서 사과해야 용서한다'라는 식의 태도는 좋지 않다. 잘못을 저지른 자도, 자신이 정말로 용서받아야 할 정도로 나쁘다고 느끼지 않는 경우가 많다. 그는 오히려 상대편에게도 잘못이 어느 정도는 있다고 생각한다. 그런데도 '왜 나 혼자만 잘못을 떠안아야 하는가?'라고 생각한다. 인생에서 일방적인 가해자와 피해자는 거의 없다. 인간은 불완전할 뿐만 아니라, 잘잘못의 경계가 불분명하기 때문이다. 그렇다면 당사자에게 자신의 잘못에 대해 직접 용서를 받지 않고, 불우 이웃 돕기 등의 좋은 일들을 열심히 했다면 어떨까? 그것이 용서가 될 수 있을까?

영화 〈밀양〉에서는 유괴로 희생된 아들의 어머니가 용기를 내어 유괴범을 용서해 주기 위해 교도소에 가는 장면이 나온다. 유괴범을 만났을 때, 그는 교도소 생활 중에 예수를 믿고 기독교인이 되어 있었다. 그는 이미 하나님께 유괴한 것을 속죄한 뒤였다. 그래서 한결 마음이 가벼워진 상태로 교도소 생활을 하고 있었다. 그는 유괴당한 아이 어머니를 만나자마자 웃음을 띠면서 인사를 한다. 그는 "하나님으로부터 용서와 구원을 받아서 기쁘다"라고 말한다. 이에 어머니는 거의 실성할 지경에 이른다. 자신이 용서하기 전에 벌써 하나님에게서 용서를 받았다니, 하나님이 먼저 용서해 버렸다니…….

용서는 직접 당사자로부터 받아야 한다. 신의 용서는 일방적으로 구할 수 있지만, 인간끼리의 용서는 쌍방의 문제이다. 육체의 배고픔은 밥으로 해결되지만, 진리에 빚을 진 영혼의 굶주림은 용서를 받아야 채워질 수 있다.

어떤 일에서 용서받았다고 해서 그 때부터 그 일이 잘한 것으로 변하지는 않는다. 있었던 사실이 없어지지 않는다. 살기 위해 발에 묶인 족쇄 하나를 제거한 것일 뿐이다. 사회의 상식은 '눈에는 눈, 이에는 이'라고 하여 받은 만큼 갚아야 한다는 인식이 널리 통용되고 있다. 하지만 복수하려는 마음으로 인해 상처 받은 눈 하나가 둘로, 둘에서 셋으로 자꾸만 크기를 키워 나가면, 거기에 따라 죄가 자꾸만 커지게 된다. 싸울 때 사람들은 '양측 다 똑 같다'라고 하지만 종교에서는 그렇지 않다. 상처를 준 자보다 받은 자가 일곱 배 더 악하게 된다고 한다. 이런 악연의 고리는 계속 이어진다. 이 고리를 끊으려면 용서가 제일 좋은 방법이다.

상처가 클수록 용서하기는 어렵다. 오죽하면 '세월이 약이겠지요'라는 유행가 구절이 있겠는가. 어쩌면 시간이 지날수록 새록새록 상처에 대한 기억은 뚜렷하게 남을지도 모른다. 용서는 긴 여행을 하는 것이다. 여행을 시작할 때는 가슴속에 분노가 부글부글 끓어올라서 참기가 쉽지 않다. 억누르려면 시간이 걸린다. 그럴 때 섣불리 주위에서 "용서해 줘 버려!"라고 위로하는 것은 실례일지도 모른다. 차라리 그와 함께 울어주고 충분히 분노하고 슬퍼하도록 두는 과정이 필요하다. 그러다 보면 어느새 용서라는 정거장에 도달하게 되지 않을까?

4장

황혼에 찾은 선물

지나온 날들에 부쳐

공동묘지에 가 보면 누가 성실히 살았고 누가 악하게 살았는지 아무도 모른다. 모두 같은 모양의 묘지에 누워서 살아온 인생을 침묵으로 후회하는 것 같다. 마지막에는 결국 흙으로 돌아갈 사람들이 세상을 시끄럽게 살아가는 것은 아마도 자유의지 때문이 아닐까 생각한다.

종교에서는 묘지에 있는 시간은 영원에 속한다고 한다. 그래서 미래에 영원 속에서 후회 없이 누워 있도록, 사는 동안 남을 도우면서 살아가란다. 인간이 살아가면서 소모하는 에너지는 일정하다. 노력하면서 살든지, 게으르게 살든지 약간의 차이만 날 뿐, 같은 기간이라면 소비하는 에너지는 비슷하다.

　인간의 머리로는 수많은 생각을 할 수 있다. 생각에는 한계가 없고, 시공을 초월할 수 있기 때문이다. 그리고 그 생각은 주로 자기중심적으로 좁혀서 한다. 살아가기에 편한 방법이기 때문이다. 학교에 다닐 때는 열심히 공부만 하란다. 사회생활을 할 때에는 어서 부자가 되고 출세해서 다른 사람들의 부러움을 받기를 강조한다. 그러나 묘지에 가면 동일하게 썩어진다. 모든 게 땅속으로 녹아든다.

　나는 비교적 성실하게 인생을 살아 왔다고 생각한다. 공부도 남과의 경쟁에서 빠질 정도는 아니었다. 성인이 되고 난후에도 여러 가지를 했다. YMCA를 통해 시민운동을 장기간해 왔고, 환경운동을 오랫동안 해서 국가 단위의 일도 해 보았다. 젊을 때는 테니스를 했지만, 중년부터는 마라톤을 시작했다. 대학도 세 곳이나 다녀 보았고, 전문의 시험도 네 가지나 치러 합격해 보았다. 대구 광역시의 수돗물이나 환경을 좋게 하기 위해 틈틈이 시간을 내어서 금호강이나 낙동강을 돌아보기도 했다.

　그런데 이 모든 것이 출세를 하거나 부자가 되는 것과는 거리가 멀어 보였다. 성장하는 과정에는 초등학교 선생인 아버지의 월급으로는 6남매가 학교를 다니기에는 가난했고, 시골의 촌놈이라서 도시 생활에서 밀렸다. 그러나 '여기서 쓰러질 수는 없다'라고 수없이 다짐하면서 매일을 다른 사람들보다는 열심히 살아 왔다.

가난을 이기기 위해 노력하다 보니, 마라톤 운동과 같은 극기 훈련에 단련되어 있다. 그것도 42킬로미터가 아니고, 100킬로미터나 200킬로미터 등, 먼 거리여야 기분에 흡족해진다. 이제 늙어 보니까, 젊은 시절에 열심히 살아온 것이 늙어서 살아가는 데 정신적으로 큰 도움이 되었다. 지금도 시간만 나면 책을 가까이 한다. 젊어서 많은 노력으로 생각의 범위와 활동의 영역, 그리고 사고의 깊이를 넓게 해 둔다면, 늙어서 세상을 전망할 때 큰 도움이 된다는 것을 체험으로 알았기 때문이다.

이제 중늙은이가 되어서 과거를 회상해 본다. 지나온 날들이 후회로 가득 채워진다. 좀 더 사랑을 펼칠 것을! 좀 더 포용할 것을! 그러나 과거에는 사느라고 이런 것에 신경 쓸 시간이 없었다. 그렇다! 살아가는 과정이란 후회를 생산하면서 달려가는, 시계 바늘에 모든 것을 맡기는, 칙칙 폭폭 소리를 내며 역을 향하여 달려가는 기차와 같은 것임을!

우리는 열심히 살아야 한다. 우리 후손들이 잘 살아가기 위해서는 자연 환경도 잘 보존해야 한다. 그리고 감동을 주는 글로 따뜻한 마음이 일어나도록 한다든지, 아름다운 소리, 좋은 미술 작품으로 훈훈한 인간 세상을 만들어야 한다. 현실을 지옥으로 만들어 버리는 사람들을 교화시키기 위해, 사랑의 뜨거운 햇빛을 뿜어야 한다.

다양한 인간이 살고 있지만, 누구나 세상과의 마지막 날은 있다. 그리고 끝나 가는 그때에 자신의 인생을 반추해 보고, 후회의 양이 적으면 적을수록 잘 살아온 인생이다. 이렇게 후회를 줄이려면, 남에게 도움을 주면서 살아가는 길 밖에 없다. 세상을 위하려면, 먼저 눈을 아래로 내려다보아야 한다. 그리고 그 눈에서 사랑, 친절, 헌신과 더불어 성실, 진실, 부지런함, 고심 등이 묻어나야 한다.

구름 사이에 뜬 낮달

은퇴 후 세월의 흐름은 지겹고도 무겁게 어깨를 짓누른다. 매일의 생활이 단순하기 때문이다. 그러나 동시에 '벌써 봄이 가을로 변해 버렸네' 하는 감회에도 젖게 된다. 그럭저럭 나의 노년 생활은 제법 자리를 잡아가고 있다. 세상이 쉼 없이 변해감에 따라, 노인이 된 이때까지 달거나 쓴, 수많은 일들을 매일 겪어 왔다. 그런데 이제는 잘 잊어버리기 시작한다. '그만 좀 잊으라'고, 하나님은 인간에게 치매라는 좋은 망각의 도구를 주신 모양이다.

지나온 삶에서 겪었던 많은 경험들이 모여서, 나이가 찰수록 생각의 깊이를 더욱 성숙시켜 왔다. 그리고 이제는 조용한 시간이 많아져서, 책의 내용과 나의 생각을 접목시켜 비교해 본다. 젊었을 때는 내용이 어려워서 읽기가 지겨웠던 책도, 술술 페이지가 넘어간다. 단, 젊었을 때와 같은 정도로 오래 기억에 남기지는 못한다.

청년 시절에는 혈기 왕성하게 살았지만, 이제는 많은 사실에 숙달되어 있다. 여러 면에서 나의 짧은 점이나 부족함을 알겠다. 그래서 늘 겸손하게 배우려고 하는 사람으로 변해 가는 것 같다. 인내를 잘하는 자가 강한 사람이고, 돈 많은 부자보다는 자족할 줄 아는 사람이 더 부유하다는 것도 이 나이가 되어서야 비로소 알겠다. 그러나 이런 깨달음을 나누던 이들이 한 사람 한 사람 저세상으로 사라져서 줄어든다.

어느 날 나는 따뜻한 낮 시간에 교외의 거리를 의미 없이 산책한 적이 있다. 외로이 날고 있는 잠자리를 보다가, 자연스레 하늘을 쳐다보았다. 깜짝 놀랐다. 맑은 하늘에 한 마디 말도 없이, 흰색의 달이 떠 있지 않는가! 시골에 사는 그리워하던 옛 친구를 만난 것과 같은 심정이었다. 눈물이 어리면서 시 한 구절이 생각났다.

길을 가다가 무심코 하늘을
쳐다보니

낮달이 구름 사이에 떠 있다.

순간, 나는 나를 본 듯
발을 멈춘다.

"무용지물!"
하는 소리와 더불어
어디선가 그렇게 바람이 지나간다.

가득히 비어 있으면서
가득히 차 있는 공간.

나는 그 세상으로
흡수되어 가고 있었다.

　이 시는 몇 해 전에 대학에서 정년 퇴직한 노 시인 C선생의
『후회 없는 고독』이라는 시집 속에 있는, 〈낮달〉이라는 제목의
시이다. 길을 가다가 구름 사이에 조용히 떠 있는 낮달을 올려
다보며, 노 시인이 자신의 처지를 저 달에 빗대어 본 것이다.
그는 고독감과 소외감 그리고 외로움으로 가슴이 저미었는지

도 모른다. 그냥 그 자리에 떠 있을 뿐, 아무도 관심을 주지 않는 낮달! 그러나 나에게는 반대로, 그 달이 텅 빈 나의 마음속 한구석에 의미를 가지고 조용히 내려앉았다.

옛날 시골에서 성장할 때, 희미한 저 달이 컴컴한 밤에는 땅을 밝게 비춰 주어서, 좁은 논둑길로도 갈 수 있도록 안내해 주었다. 밝은 대낮에는 존재가 무의미하나마, 어두워지면 저것은 둥근 불덩이가 되어 세상에 빛을 발한다.

노인과 낮달은 같은 처지인 것 같다. 현명한 노인은 컴컴한 인생의 바다를 항해할 때, 달과 같이 사람들의 나아갈 길을 비춰 준다. 무용지물 같아 보여도 유용할 때가 있다. 그러나 살기에 바빠서 아무도 하늘을 쳐다보지 않는다. 특히 도시에는 전깃불이 휘황찬란해서 하늘이 있는 줄도 모른다.

옛날 중국의 장자莊子는 무용지물에 대해 이런 이야기를 전한다. 어느 날 밤, 장자가 친구 집에서 묵게 되었는데, 그 친구는 하인에게 거위를 잡아 삶으라고 했다. 이에 하인은 "하나는 잘 우는데, 다른 하나는 잘 울지 못합니다. 어느 놈을 잡을까요?"라고 물었다. 그러자 주인은 "잘 울지 못하는 놈을 잡아라"라고 했다. 울지 못하는 거위도 용도가 있다는 것이다.

장자가 또 한번은 시골길을 지나다가 큰 사당 나무가 사람의 절을 받고 있는 것을 보았다. "왜 그 나무를 베지 않았느냐?"라고 물으니, 어느 농부는, "아무 쓸모가 없어서요! 널을 만들면 금방 썩고, 배를 만들면 가라앉아 버려요. 세간을 만들면 부서지고, 기둥을 만들면 금방 좀이 먹어 버려요. 쓸모가 없어서 아무도 베어 가지 않았어요"라고 대답했다. 그 나무는 쓸모가 없었기에 여름에 동네 사람에게 수호신 겸, 그늘을 제공하면서 오래 살아가게 된 것이다. 자연 속에서는 모든 게 그 나름으로는 쓸모가 있다는 것이다.

낮에 나온 반달은 하얀 반달은
해님이 쓰다 버린 쪽박인가요.
꼬부랑 할머니가 물 길러 갈 때
치마끈에 달랑달랑 채워 줬으면

낮에 나온 반달은 하얀 반달은
해님이 신다 버린 신짝인가요
우리아기 아장아장 걸음 배울 때
한짝 발에 딸각딸각 신겨 줬으면

낮에 나온 반달은 하얀 반달은
해님이 빗다 버린 면빗인가요

우리 누나 방아 찧고 아픈 팔 쉴 때

흘은 머리 곱게곱게 빗겨 줬으면…….

-윤석중

　낮에 나온 달은 그 존재가 있으나 마나한 것처럼 보인다. 그
냥 거기에 있을 뿐, 아무도 관심을 가지지 않는다. 그러나 이
노래의 작사자는 반달에서 쪽박, 신짝, 또는 빗을 마음에 그리
면서, 사랑과 지혜가 넘치는 아름다운 글을 남겼다.

　노인은 빛이 없는 낮달과 같이 보인다. 그러나 노인도 세상
이 혼란 속에 있을 때는, 세상을 바로 이끄는 사랑과 지혜의
샘물일 수 있다. 누구나 인생의 마지막에는 이 과정을 거쳐서
삶을 완성시킨다. 나는 이 밤에 저 달을 보면서 나의 노후를
생각해 보았다. 그래서 나는 낮달을 주월晝月로 개칭하여 나의
호를 지었다.

> • 이 글은 전기영 선배의 1996년 작품
> 〈저녁 나들이〉에서 글의 일부분을 이
> 용했다.

정직한 땀의 기록, 달리기 예찬

1991년 대구에서 일어난 소위 '수돗물 페놀 오염 사건'으로, 대구광역시 시청에서 급하게 감시위원회가 만들어졌다. 그때 나는 위원장이 되어 환경에 몰두하다 보니까, 제일 친환경적인 운동이 바로 달리기임을 알았다. 자연 훼손 없이 신발을 신고 그저 길 위를 달리면 되는, 돈이 들지 않는 경제적인 운동이었다. 그렇게 짧은 거리부터 달리기를 시작하면서 차츰 거리를 늘려 나갔다. 그로부터 약 5년간 체력을 다지며 연습한 후에 1996년에 경주에서 있었던 동아 마라톤 대회에서 하프코스에 처음으로 출전했고, 풀코스를 35회, 63.3킬로미터를 1회, 100킬로미터를 4회, 200킬로미터를 1회 완주하였다.

달리는 도중에 느끼는 고통은 여러 가지가 있다. 추울 때 젖꼭지가 옷에 스쳐서 발갛게 통증을 일으키는 것, 허리의 통증, 무릎의 통증, 심지어는 달리다가 설사가 나서 산속으로 들어가 실례를 하는 것 등을 경험했다. 한번은 11킬로미터 지점에서 장딴지 통증으로 달리기를 포기하려다가 절뚝이면서 천천히 완주했는데, 약 4~6주간 치료를 요하는 상처를 입은 적도 있다. 당시에 무릎 밑이 퉁퉁 부어서 한동안 고생을 했다.

도로가 직선으로 지루하게 계속되면, 숫자를 세면서 달리기도 한다. 수킬로미터의 거리를 수를 세면서 돛단배가 떠가듯이 일렁이면서 달린다. 달리는 중에는 완주 후에 무슨 일이 있을지를 전혀 생각하지 않는다. 그냥 현재에 할 일을 묵묵히 실천하면서 고통을 이겨 낼 따름이다. 종교인들이 고행을 할 때에도 이런 느낌이지 않을까.

이마에는 땀이 흘러내린다. 땀은 소중하다. 마라톤 도중에 신체에서 발생하는 여러 노폐물은 땀에 녹아 밖으로 배출되면서 체온을 내려 준다. 그래서 나는 철철 흐르는 땀에 감사의 마음을 보낸다. 여름에 마라톤을 하면 상체에서 흘러내린 땀이 팬티를 적신 후 장딴지로 뚝뚝 떨어져서 양말이 축축해진다.

5킬로미터 지점마다 당분이 든 물이 준비되어 있다. 그런데

물로도 모자라는 경우가 있다. 당뇨병을 가진 어느 참가자는 30킬로미터 지점 근처에서, 저혈당으로 쇼크 증상이 나타났다고 한다. 그는 급하게 상점으로 들어가서 과자 몇 개를 얻어먹고서 겨우 완주했다고 한다. 아마도 사탕의 고마움을 깊이 느꼈으리라!

마라토너들이 모이면 회의 진행이 순조롭다. 쓸데없는 말이나 '자기 어필을 위한 말'은 하지 않기 때문이다. 그들은 합당한 결론을 위해 구질구질함이 없이 간결하게 의견을 제시한다. 만일 마라토너들만으로 국회가 구성된다면 의원들끼리 치고 박는 불상사가 일어나지 않는 원만한 회의 분위기를 만들 수 있을 것도 같다.

완주 시간이야 길든 말든, 고통 속에서 끝까지 달려 냈다는 사실이 중요하다. 일반인 마라토너가 완주한다면, 땀을 철철 흘렸다는 그 자체만으로도 성취감을 갖게 해 준다. 그리고 세 시간 만에 완주한 것보다도, 다섯 시간 만에 완주한 것이 더 높은 가치를 가진다고 생각한다. 세 시간보다 두 시간 더 긴, 다섯 시간을 생고생한 것이 아닌가? 더 긴 지루함과 고통을 겪어 낸 것이다.

마라톤을 끝내고 난 후에 먹는 식사는 꿀맛이다. 여럿이서 음식을 먹을 때는 감격으로 너와 나가 없어지고, 우리만 남는

213

다. 완전히 합일을 이루는 상태가 된다. 모두가 '인류를 이루는 동시대의 형제'가 된다. 이런 마라톤의 기쁨을 어찌 나 혼자만 알고 있겠는가!

직장 팀이 출전하면 직장의 사장도, 과장도, 직원도 똑같은 조건에서 달린다. 고위 관리도 하급 직원도 같은 코스를 돈다. 어떤 경우에는 말단 직원이 사장을 격려하면서, 앞서서 모시고 달리는 것도 볼 수 있다. 그래서 직장에서는 마라톤을 극기 훈련의 하나로 채택하는 곳이 많다.

마라톤 경기가 진행되는 동안만은 남녀의 구분이 사라지고, 공무원, 농업인, 의사 등 모든 사람이 동일 선상에서, 화합 속에서 하나로 뭉치게 한다. 이것이 내가 마라톤에 빠져든 이유다.

나의 울트라마라톤
정복기

지난 밤에는 오늘 있을 경기 생각에 흥분한 탓인지, 세 시간 밖에 자지 못했다. 제주도 일주 200킬로미터 울트라마라톤 대회 참가차 제주 공항에 내리는 순간, 하늘에는 천둥 벼락이 치고 있었다. 경기가 무사히 치러질지에 대해 걱정을 했으나 다행히 오늘은 뛰기 좋은 쾌청한 날씨다.

음식은 보통 시합 두세 시간 전에 먹으므로 새벽 세 시에 일어나 첫 끼를 먹고, 몸무게를 줄이기 위해 대소변을 보았다. 다섯 시에 출발선에 서서, 앞으로 달릴 500리 길을 상상해 본다. 과연 이 두 다리로 그 먼 거리를 달릴 수 있을까? 3월 초라 그런지 아직 동이 트지 않았다. 이윽고 어둠 속에서 스타

트 신호가 울린다. 제주 시내를 500미터쯤 달리다가 모자 끈이 떨어져 버렸다. 잠시 멈추어서 모자를 살펴보는데, 선수들은 모두 앞으로 가 버리고 없다. 뒤늦게 출발하여 열심히 달려가니, 많은 선수들을 제치고 선도차가 보인다. 나는 지금 3위로 달리고 있다.

10킬로미터쯤 달려갔을 때, 어느새 나는 1위로 달리고 있었다. 진행 요원이 내게 '나이도 드셨는데 무리하면서 달리지 말라'라는 당부를 했다. 조금 속도를 조절해 다시 3위로 내려섰다. 산방사굴이 있는 70킬로미터까지는 별로 고통을 느끼지 않고 신나게 달렸다. 그러나 지금부터가 고비다.

길가에는 유채꽃이 만발했다. 이번 경기를 치르는 동안에는 하나님께 기도를 많이 하려고 했는데도 기도가 되지 않았다. "하나님!"까지는 되는데, 펄펄 끓는 가슴이라 그런지 더 이상 생각을 이을 수가 없었다. 헐떡이느라 아름다운 경치에마저 관심을 가질 수 없었다.

오후 2시, 100킬로미터 지점인 서귀포에 도착하여 한 시간 동안 점심을 사 먹으면서, 밤새도록 달릴 준비를 했다. 야간 달리기에 필요한 광부들의 헤드랜턴과 필요할 때 쓰려고 땀에 젖지 않도록 비닐로 감아 둔 돈, 다칠 때를 위해 준비한 지팡이와 약품, 종이와 볼펜, 추울 때 낄 장갑과 토시, 긴 상하의

한 벌을 배낭 속에 넣어서 메고, 또 다시 남은 100킬로미터를 허둥지둥 달려 나갔다. 간혹 있는 직선 코스에서는, 끝이 보이지 않는 긴 거리에 정신이 압도되고 질려서 시간이 매우 더디게 흘러갔다.

밤 아홉 시쯤에 한 식당을 찾아서 저녁을 먹으면서 추운 야간에 달릴 준비를 했다. 피로해서 그런지 변소에 가서 보니 항문이 밖으로 밀려나 있다. 손으로 밀어 넣어도 효과가 없다. 그냥 달릴 수밖에…….

야간이라 교통사고 방지용으로 옷에 형광색 처리를 하고, 헤드랜턴을 켰다. 고구마 장갑을 끼고, 사막을 걸어가는 나그네 같은 심정으로 끝이 없어 보이는 어둠을 헤쳐 간다. 쌍갈래 길에는 땅에 화살표가 그려져서 방향을 잡는 데 도움을 준다. 동네의 개들은 낯선 사람이 뛰고 있으니까, 모두가 합창으로 짖어댄다. 파도 소리가 철썩이는 것도 몇 시간이나 들으니 이제는 시끄럽고 귀찮아진다.

잠시 뛰지 않고, 걸으니 땀으로 젖은 옷이 섬뜩하게 차갑다. 몸을 따뜻하게 하기 위해서는 하는 수 없이 뛸 수밖에 없다. 밤새도록 고독하게, 절절한 피로 속에서 섬뜩함을 느끼는 이 운동은, 그야말로 미친 짓인지도 모른다. 하기야 밤새도록 달려야 하는 이 경기에 출전하려고, 어떤 때는 새벽 세 시경에도 연습을 했다. 연습 때 제일 걱정이 되는 것은, 아는 사람을 만나는 것과 개들의 공격을 받는 것이었다. 만일 아는 사람을 만나면, 그는 '이 밤에, 저 사람 돌았나!'라고 생각할 것이다.

밤 11시 45분경에 성산 일출봉 입구에 도달했다. 4분의 3정도 되는 거리를 달려 왔다. 준비된 간단한 음식을 먹은 후에 또 다시 어둠 속을 거의 헤매듯이, 흐느적거리면서 달려 나간다. 고요가 귀를 시끄럽게 한다. 이런 고요는 무섭다. 어쩌면 신의 세계에 들어온 것 같다. 적막하다. 고독하다. 이것은 조용한 고독이 아니라 펄펄 뛰는 가슴의, 땀이 철철 흐르는 고독이다.

다리가 아파 오기 시작한다. 등산용 지팡이를 짚고 절뚝거리면서 걷는 시간이 많아진다. 이제는 마구 퍼붓는 졸음까지 이겨야 한다. 달리는 걸음이 점점 불규칙적으로 변한다. 비틀거린다. 170킬로미터 지점에서는 팔, 다리, 허리, 특히 발목이 많이 아프다. 세 명이 나를 지나갔으니 나는 지금 6위쯤인가 보다.

머리가 핑핑 돈다. 새벽 다섯 시경에 길 옆에 주차되어 있는 차량을 이용하여 잠시 눈을 붙였다. 그렇게 고단하고 피로했으나 약 15분쯤 자고는 깨어 일어났다. 이렇게 졸음이 퍼붓는데도 완주라는 사명감이 잠을 밀어내는가 보다. 세 명을 재치고 앞으로 달려 나간다. 해가 다시 뜨고 사람들이 듬성듬성 보이기 시작한다. 발목이 많이 아프다. 목적지를 3킬로미터를 남겨두고 한 사람이 내 앞으로 달려 나간다. 나는 지금 4위이다.

그 후로 시간이 얼마나 흘렀을까. 어느덧 아침을 먹고 난 학생들이 학교에 간다. 제주 시내가 시끌벅적해지기 시작한다. 도로에 표시한 달리기 코스를 따라서 드디어 목적지에 도달했다. 27시간 19분만에 도착을 겨우 해냈으나, 그곳은 썰렁하였다. 결승선을 지키는 몇 사람이 앉아서 졸고 있었다. 그래서 "나, 왔어요!"라고 소리를 지르니, 도착 시간을 알려 주면서 다시 들어오라고 했다. 완주 사진을 찍기 위해서였다.

진행 요원들은 내가 늙어 보였는지, "나이가 어떻게 되십니까?"라고 하기에 대답해 주었더니 "아! 할아버지네요!" 하면서 놀라는 표정이었다. 골인하는 순간에는 감동의 파도가 온몸을 적실 줄 알았는데, 사실은 평소와 같이 무덤덤했다. 오직 고통과 잠자고 싶은 마음뿐이었다.

본래는 서른 일곱 시간 이내에 들어와야 순위를 인정하는데, 약 열 시간 빨리 들어왔다. 명단을 보니 일본인도 있었다. 108명이 달리는데, 60대는 한국인 7명, 일본인 1명. 여자는 한국인 3명(평균 40세), 일본인 9명(평균 50세)이었다. 아마도 어마어마한 고통을 이겨 낸 우리들은, 찔러도 피가 나지 않을

독종의 인간인 것 같았다.

일본인 한 명이 골인을 하는데, 온통 얼굴이 상처투성이다. 그는 달리다가 어둠 속에서 다리를 헛짚어서 상처를 입었다. 또 한 사람은 기진맥진한 채로, 주위의 사람들의 응원을 받으면서 겨우 골인을 한 후 쓰러져 버렸다. 나는 그것을 보고서 최선을 다하는 모습에 눈물이 핑 돌았다.

완주 후에 몸을 씻으러 목욕탕에 갔다. 수돗물을 받으려고 해도 막무가내로 잠이 쏟아져서, 대충 물을 끼얹고는 나와 버렸다. 심히 배가 고프다. 식당으로 갔으나 모두 닫혀 있거나, 청소 중이었다. 한 곳에 가서 음식이 되느냐고 물으니 해 주겠다고 하였다. 식사 후에 밖에 나와서야 아직 점심때가 아닌 아침 청소 시간이라는 것을 깨달았다. 그만큼 정신이 없었던 것이다.

비행장에 가서 겨우 비행기에 올라타자마자 깊은 잠에 빠졌다. 뭔가 월컹거려서 눈을 뜨니, 대구에 도착했다. 왼쪽 발이 통통 부어 있었다. 6주간의 치료를 요하는 상처를 입었다. 내가 의사이니까 치료는 자신이 있었다. 비행기에서 내리는데, 통증으로 겨우겨우 걸을 수 있었다. 사지와 온몸이 아프고 쓰렸다. '장애인들은 얼마나 고통스러울까!' 하는 생각이 들었다.

그 다음날에는 온몸이 조여 오는 느낌, 즉 몸살기가 들었다. 물기가 빠져서 바싹 말라드는 느낌이었다. 아마도 사람이 죽어 갈 때도 이러하리라. '천당이나 지옥 등 어디로든, 죽어 갈 때는 이렇게 바싹바싹 몸이 조여서 줄어드는 느낌이 들겠구나'라는 생각이 들었다. 거울을 보니 볼은 폭 파이고, 와이셔츠가 헐렁하고, 갈비뼈는 엉크렇게 튀어나와 있다. 하루만에 5킬로그램이 줄어들었다.

그로부터 며칠이 지나니까, 마음 저 깊은 곳에서 뭔가가 무럭무럭 자라는 것을 느꼈다. 눈에는 보이지 않지만, 그것은 '용기'라는 것이었다. 자신과의 투쟁에서 극기를 한 증명으로 '마음속의 용기'라는 자격증을 받은 것이다.

마라톤은 타인과의 경쟁이 아니다. 나는 마라톤을 하면서 경쟁의 게임을 단념했다. 게임에서는 이기거나 지는 편이 생긴다. 다 같이 이길 수 없다. 장기나 바둑도 두지 못할 것 같다. 무엇에든지 이긴다는 것은 지는 사람이 있을 때 가능하다. 이기는 사람은 기쁘겠지만, 지는 사람은 어떤 심정이 될까? 나는 지는 쪽이 없는 마라톤을 계속 이어 나갈 예정이다.

톤즈의 눈물을 멈추다, 이태석 신부

훌륭한 사람이 되는 조건에는 무골호인처럼 마음이 좋아야 한다거나, 영화배우처럼 인물이 잘나야 하는 것만 포함되는 것은 아니다. 오히려 무엇보다 인품이 중요하다. 성인들의 공통점은 인생을 고민해 보고, 스스로의 결론대로 실천해서 다른 이에게 감동을 주었다는 것이다. 때로는 극단적인 손해를 보기도 하지만, 그들은 높은 뜻을 품고 있기에 흔들림이 없다. 그런 면에서 이태석 신부는 대표적인 현대의 성인이라고 볼 수 있다.

그는 가난한 동네에서 10남매 중 아홉 번째로 태어났다. 9세에 아버지가 돌아가시고, 어머니는 삯바느질로 생계를 이어 갔다. 어릴 때 살던 남부민동에 있는 성당 마당이 그의 놀이터였다. 수녀님의 헌신적인 모습과 자녀를 위해 희생하는 어머니의 인생이 이태석 신부의 신앙심에 절대적인 영향을 주었다.

사랑을 실천하는 분들의 이야기를 들으면서, 그는 자신의 생활을 자주 되돌아보았다. 그에게는 가톨릭교에서 진정으로 나눔을 실천하는 것이 참된 사명인 것처럼 느껴졌다. 그는 의사로 편안한 삶을 살 수 있었는데도 신부가 되기를 자원했고, 신부가 되자마자 아프리카 남수단으로 가서 의료 봉사와 선교 활동을 한다.

이태석 신부의 선교 활동을 담은 영화 〈울지마 톤즈〉를 보는 내내, 그리고 보고 난 후에도 나는 감동과 안타까움에 찔끔 눈물이 났다. 이상하게도 눈물을 흘린 후에는 나도 그 신부가 된 것처럼 마음이 가뿐했다. 이태석 신부의 얼굴이 떠오르면 가슴이 따뜻해지기도 하고, 사랑으로 아프기도 하고, 감격으로 뭉클해지기도 했다.

신부이자 의사인 그는 기타도 잘 치고 작곡에다 지휘까지도 할 수 있었다. 영원함을 간절히 바랄 때는 피리와 오르간을 친단다. 〈사랑해〉라는 노래는 단조롭고 흔한 것 같지만, 불러 보면 성스러운 면이 느껴지기도 한다. '사람이 꽃보다 아름답다'는 말을 생각하면서, 나는 자신을 내내 돌아보았다. 이 노래를 흑인 학생들의 합창으로 들어 보면, 마구 가슴을 두드리고 눈가를 적신다.

2001년 12월부터 수단 남부 톤즈 지방에서 이태석 신부는 의료 선교를 시작한다. 그는 인제대 병원에서 인턴을 마치고, 군대를 마친 후 사제로 들어선다. 37세에 어머니의 눈물을 뒤로한 채 전기도, 전화도, 물도, 먹을 것도 없는 버림받은 곳, 톤즈라는 마을에 왔다. 있는 것이라고는 섭씨 50도의 더위와 가뭄, 모래바람, 그리고 나병, 결핵, 말라리아 같은 온갖 병들뿐이다. 게다가 20여 년간 전쟁이 지속되는 지역이다. 그곳의 상황이 2003년 한 국내 방송사 다큐 프로그램을 통해 알려져서 후원회가 결성되기도 했다.

이태석 신부는 전쟁으로 절망에 빠진 아이들에게 종교와 음악을 통해 희망을 찾아 주었다. 기타와 피리, 오르간을 가르치고, 그가 직접 작곡한 노래와 율동을 가르치는데, 아이들이 대단히 좋아했다. 다른 오락 거리가 일체 없는 곳이니 오죽 좋았을까.

죽을병에 걸린 자가 며칠 동안 들 것에 종종 실려 오는데, 먼 길을 여러 사람이 들것을 번갈아 들어야 한다. 한 사람의 환자를 위해 20여 명이 떼지어 오기 때문에 진료소가 시끄럽다. 10살 이전에 거의 절반이 죽는 이곳은 치료를 받는 것만으로도 행운으로 여긴단다.

남수단 돈보스코 브라스밴드 청소년 29명이 2012년 10월 20일 서울 천주교 살레시오 수도원을 찾았다. 이곳은 신부가 선종 전 15개월 동안 요양 치료를 하며 머물렀던 곳이다. 청소년들은 서울에서 열린 '2012 한韓 아프리카 장관급 경제협력회의KOAFEC 기념 연주를 하기 위해 7박 8일의 일정으로 왔다. 이들은 1인용 침대와 책꽂이 하나가 놓인 이 신부의 방에 다섯 명씩 차례로 들어가 무릎을 꿇고 기도했으며, 생전에 이 신부가 자신들과 함께 촬영한 기념 사진을 보며 눈물짓기도 했다.

수도원의 잔디밭에는 투병 기간 동안 이 신부의 모습을 담은 사진 50여 점이 전시됐고, 대림동의 살레시오 청소년 센터에 거주하는 한국 청소년들은 성가 합창으로 톤즈 친구들을 맞았다. 한국 청소년들은 이태석 신부가 사랑했던 성가를 부르고 톤즈 청소년들은 〈홀리홀리〉, 〈세인트마칭인〉 등 신부에게서 배운 곡을 연주했다. 트럼본을 배운 산티노 마구츠(20세)는 "신부님이 간직하고 전파했던 사랑을 내 가슴에 간직해, 다시 남수단에 전하고 싶다"라고 했다.

한편 살레시오 수도회는 성명을 내고 '이 신부의 유지와 톤즈의 방한 등'을 상업적으로 이용하려는 움직임에 우려를 표시했다. '좋은 일을 한다는 명분으로 신부의 이름을 걸고 이뤄지는 모금'은 금했다. 톤즈 마을의 상황을 들어 '폐허가 되다시피 했다'라든가 '재건해야 한다'라는 등의 표현으로 모금을 하지 못하게 했다. 현지 사정을 생각 않는 선심성 지원은 진정한 도움이 되지 않는다고 판단한 것이다.

이태석 신부도 처음에는 워낙 가난한 지방이니까, 여러 가지 지원 사업에 많은 계획을 세웠다. 그러나 시간이 지날수록 같이 있어 주는 것이 가장 중요하다는 사실을 깨달았다. 어려움이 닥쳐도 그들을 버리지 않고, 함께 있어 주고 싶어 했다. 왜냐하면 장기간의 전쟁으로 건물 뿐 아니라, 아이들의 마음도 상처받고 부서져 있었기 때문이었다. 그래서 생각한 것이 음악이었다. 아이들에게 음악을 가르치면 상처 받은 아이들에게 희망과 기쁨을 심을 수 있을 것 같았다. 이태석 신부로부터 시작된 사랑의 물결이 퍼져 나갔고, 톤즈 마을에는 상상조차 할 수 없었던 행복이라는 기적이 시작되었다.

미국이 지원하는 북수단 이슬람 정권과 남수단 반군이 서로 총부리를 겨누는 톤즈 마을. 이곳은 남부 반군의 세력 범위 안에 있다. 어린 소년들은 소년병이라는 명목으로 군대에서 착취당하고, 전쟁의 폭력성 앞에 불안하고 두려운 하루하루를 보내고 있다.

이태석 신부는 20년간 내전을 겪어 온 톤즈 마을 어린이들에게 총 대신 악기를 쥐어 주며, 35인조 브라스밴드를 결성해 주었다. 이런 노력으로 원주민들에게 잠재되어 있던 음악적 재능을 이끌어 냈고, 브라스밴드는 수단평화협정이라는 국가 행사에 초청됐을 만큼 많은 활약을 펼쳤다.

이태석 신부가 톤즈 마을에 남겨 둔 유언장에는 '되돌아보면 오히려 내가 얻은 것이 많았다. 그들은 작은 것에 감사할 줄 알았고, 부족한 가운데서도 나눌 줄 알았다. 기쁘고 행복한 모습을 보여주었다'라고 했다. 그가 행한 사랑은 그곳에서 여전히 새로운 희망으로 이어지고 있다.

노래를
부르는 밤

10여 년 전 어느 날 저녁을 먹고 난 후, 친구들과 대구가 내려다보이는 언덕에 올라간 적이 있다. 누가 노래하자고 말하지 않았는데도 거기서 자연스레 합창이 흘러나왔다. 그러다 우리는 〈데니보이〉를 부르기 시작했다. 노래가 끝나자 모두는 자연스럽게 박수를 쳤다. 스스로를 격려하듯이 손뼉이 터져 나왔다.

미국의 명가수 해리 벨라폰테와 그리스의 여가수 나나 무스꾸리가 독창한 적이 있는 〈데니보이〉. 해리 벨라폰테는 배경을 울리는 저음으로, 나나 무스꾸리는 천상의 선녀처럼 고음으로 불렀지만 애끓는 마음이 느껴지는 것만은 서로 엇비

228

슷했다. 이 노래는 아일랜드 북부에 살던 제인 로스^{Jane Ross}가 창밖에서 들은 한 집시의 바이올린 연주곡을 제목도 없이 악보로 만든 것이다. 그래서 이 곡조는 〈아일랜드 고가집^{古歌集}〉에 실려 있다고 한다. 원래 이 노래는 시골 목동이 도시로 떠나는 사랑하는 소녀와 헤어지기가 안타까워 부르는 이별 노래였다고 한다.

이 노래가 발표된 것은 1885년에 출판된 페트리^{George Petrie}의 곡집에서 출발한다. 그 후 고운 멜로디에 매료된 여러 사람이 가사를 붙였는데, 그중에서 아일랜드 시인, 프레데릭 웨슬리^{Frederic E. Weatherly}가 1913년에 쓴 시 'Danny Boy'를 가사로 붙인 것을 우리가 자주 노래로 부른다.

이런 좋은 곡은 노래를 부른 가수를 유명하게 만들기도 한다. 아일랜드 가수 존 맥코맥은 〈데니보이〉를 부른 이후, 그는 전 세계적으로 유명한 가수가 되었다. 존 맥코맥 버전의 가사는 전쟁터에 나가는 아들에게 아버지가 보내는 애절한 사랑의 노래이다.

또 〈데니보이〉의 원곡 〈Londonderry air〉라는 제목은 이 노래의 곡조가 아일랜드 북쪽의 런던대리 라는 지방에서 만들어졌다는 뜻이다. 아일랜드는 영국으로부터 핍박을 받은 슬픈 역사를 가지고 있다. 이는 마치 일본에 침략당한 우리의 역사와 비슷해서, 그들의 아픈 마음에 깊이 공감할 수 있다. 특히 이 노래에는 영국의 억압 속에 그리운 고향의 아름다운 옛 정취를 꿈꾸는 가사가 소박하게 울려 나온다. 타의에 의해 고향을 떠나거나 조국을 잃은 사람들이 꿈에 그리던 평화로운 마을이 눈앞에 애잔하게 펼쳐지는 듯하다. 조국을 뺏기고 생산품을 세금으로 바쳐야 할 때, 높지 않는 구릉으로 이어지는 목가적인 곳에서 이 노래가 울려퍼졌을 것이다. 어수선한 주위에서 애인마저도 멀리 도시로 떠나보내야 하는 목동 소년의 마음은 멍들어 저미었을 것이다. 텅 빈 가슴을 아리함과 아련함으로 채우면서 성장해 가다가 인생의 마지막에는 지상에서 사라지는 무한히 큰 이별과도 만난다. 삶은 잔잔한 바다 같을 때도 있지만, 격랑의 소용돌이 속에 머물 때도 있다. 그중에서도 이별은 그리운 사람을 심장에 새기고, 그 아픔을 마음속에 잠재워야 하는 일이다. 조국을 잃은 슬픔 역시 마음을 텅 비게 하고, 뿌리없이 일생을 헤매게 한다.

어느 읍 단위의 시골에서 음악회가 열린 적이 있었다. 끝날 즈음에 섹소폰 연주자가 〈아, 목동아〉를 멋들어지게 연주했다. 흥에 겨운 청중은 거기에 맞춰 자연스레 하나가 되어 노래를 합창했다. 음악회가 끝나고 집으로 어두운 길을 돌아가면서도, 사람들은 그 노래에 취해서 콧노래로 흥얼댔다. 이 노래는 우리나라의 가곡인 〈고향의 봄〉과 비슷한 분위기를 자아낸다. 또 고등학교 교과서에 실려 있는 알퐁스 도데의 소설 〈별〉과 같이 아름답고도 순수한 사랑의 세계가 주옥같이 마음속에 펼쳐지기도 한다. 밤하늘의 수많은 별들을 향해 우리는 추억 여행을 떠나는 기분이 된다. 우리나라에도 〈청산에 살리라〉, 〈한 송이 흰 백합화〉, 〈아무도 모르라고〉 등 비슷한 분위기의 노래가 많다. 이런 노래들은 짧은 곡조 안에 역사와 주위 환경, 그리고 민족성이 잘 담겨 있기 때문에, 듣고 있으면 마음에 쌓인 티끌들을 깨끗이 닦고 위로해 주는 것 같다.

노래는 삶이란 무엇인지, 그리움의 무게는 얼마만큼인지, 인간은 영원을 알 수가 없는지, 무한이란 무엇인지 등을 생각하게 한다. 그중 '그리움과 영원'은 두고두고 반복될 노래 가사의 주제일 것이다. 그리움은 영원하고, 영원한 것은 모두 그립기 때문이다. 오늘도 노래 부르기 좋은 밤이구나. 문득 어린 시절을 함께한 친구들이 그립다.

양 도둑과
성자 이야기

 해마다 해 오던 봉사 활동을 금년 여름에는 몽골에서 하기로 했다. 20여 년 전부터 시작된 봉사 활동은 해가 지날수록 강도를 더해 가는 것 같다. 그만큼 활동을 마칠 때면 작년보다 더 열심히 일한 것 같아서 뿌듯한 느낌이 든다.

 이번 활동은 자비 부담으로 진행되었다. 봉사 기간 동안 일행은 물이 부족하여 목욕도 하지 못하고 마룻바닥에서 잠을 잤으며, 수면 시간도 부족했다. 그 때마다 짜증을 내기보다는 서로를 위로하고 웃음꽃을 피웠다. 행사가 끝마칠 때 쯤에는 모두가 형님, 언니, 오빠가 되어 있었다. 봉사 자체도 의미가 있었지만 모든 참가자가 하나가 되는 공감의 기쁨을 만끽했다.

인생살이가 썰렁하거나 으스스한 한기를 느낄수록, 아무 대가를 바라지 않는 봉사 활동이 사회에 훈기를 더하는 것 같다. 반드시 돈이 많아야 하는 것도 아니고, 특별한 곳으로 가야만 할 수 있는 일도 아니다. 봉사를 통해 소유욕에서 오는 만족과는 차원이 다른 기쁨을 느낄 수 있다.

이번 몽골 활동에서는 뜻밖의 광경을 마주할 수 있었다. 열심히 일하다가 들판을 내다보면 거기에는 흰색의 덩어리들이 천천히 움직이고 있었다. 양떼들이다. 그놈들은 시력이 좋지 않아서 길을 잘 잃어버리기 때문에 목자가 끌고 다녀야 한다. 양은 죽으면 살코기는 음식으로, 가죽은 옷으로 주인에게 봉사한다. 그 순한 녀석은 모두 주고 떠나 버리기에 사람들은 양을 천사로 비유하기도 하는 모양이다.

때마침 목장에서 양을 잡을 일이 생겨, 우리는 숨을 죽이고 지켜보았다. 양이 주인의 품에 조용히 안겨 있는 가운데, 주인은 양의 가슴에 10센티미터 정도의 칼질로 피부를 절개했다. 양이 조금 꿈틀거린 후 잠잠해졌다. 주인은 상처 부분을 통해 가슴 깊이 손을 넣어 급소를 눌러서 단번에 죽였다. 저항이나 끙끙거림 없이, 양은 움칫하면서 눈을 크게 뜬 채 목숨을 잃었다. 저세상으로 영원한 여행을 떠난 것이다.

모두는 성경에서 쓰여 있는 인간을 대신하는 양의 죽음을 생각하면서 눈시울을 적셨다. 한 사람이 "우리, 저 양의 고기를 먹을 수 있을까?"라고 하니, 모두는 숙연히 "양고기를 씹어 보면서 생명이란 뭔가를 생각하겠다"라는 대답을 했다. 양의 죽음 앞에서 생명에 대한 경건함과 영원 등 고차원적인 생각을 하게 되었다. 서늘한 공기 속에 신비로운 열기가 피어올랐다.

감사하는 마음으로 양고기와 함께 저녁 식사를 한 후, 우리들은 들판으로 나섰다. 끝없는 지평선은 검붉게 물들어 있었다. 하늘은 우리에게 "인간이 저지른 행위는 모두 용서할 수 있다"라고 하는 것 같았다. 또 광활한 지평선은 우리에게 "땅 위에는 무엇이든 놓아 둘 수 있다"라고 하는 것 같았다. 땅은 필요한 것만 선택해 받아들이는 것 같지 않았다. 더러운 오물도 거부하지 않기 때문이다.

생물은 지구를 더럽히지 않는다. 단지 인간만이 지구 위에 버리지 말아야 할 것들을 버려서 오염시키고 있다. 다른 짐승들의 대소변은 모두 비료가 되지만, 인간이 배출한 쓰레기는 이 땅을 고스란히 오염시킨다. 또한 개발이나 발전이라는 명목으로 땅속에 묻어 둔 석유나 석탄을 캐내어 지구온난화를 부추기기도 한다.

몽골의 하늘은 만물의 영장이라는 인간을 한없이 초라하게 만들었다. 양을 잡던 그 숙연한 밤, 컴컴한 평야의 바람은 우리에게 '이제까지 세상을 더럽히고 얼룩지게 한 것을 용서 받으세요. 짐승들과도 나눌 수 있는 사랑과 자비로 지구를 구출하세요'라고 속삭이는 것 같다. 마지막 날 밤, 목장의 주인은 다음과 같은 이야기를 들려주었다.

어느 목장에 일꾼들이 일하고 있었다. 그런데 이상하게도 양의 수가 자꾸만 줄어들었다. 어느 날 주인이 숨어서 보니 일꾼 두 명이 양을 훔치는 게 아닌가! 다음 날 그들을 잡아서 이마에 인두로 '양 도둑'을 의미하는 'ST$^{Sheep Thief}$'를 새겨 넣었단다.

한 사람은 부끄러워서 그 목장을 나와 버렸다. 그 후 여러 곳에 취직하였지만 가는 곳마다 사람들이 그 글자의 의미를 알려 하니, 고통스러움에 그만 자살을 했단다. 또 한 사람은 일할 수 있는 마땅한 곳이 없어서 그 집에서 계속 일을 했단다.

50년쯤 세월이 흘러 그 일꾼은 노인이 되었다. 옛 사람은 모두 죽고 세대가 바뀌었다. 이웃 마을에 사는 10대 청년을 포함한 몇 사람은 할아버지와 알고 지냈다. 할아버지가 이웃을 돕고 사는 것을 보아 온 그들은 "이마에 적힌 ST는 아마도 성자^{Saint}를 의미할 거야"라고 했다. 도둑이 성자가 되다니!

235

노인이 성실하게 살아가니 주위 사람들은 양을 훔쳤던 도둑인 그를 성자같이 여겼고, 노인 역시 성자로 늙어 간 것이다. 성 어거스틴은 "모든 성자는 과거가 있고, 모든 죄인은 미래가 있다"라고 했다. 노인은 '아름답게 살려고 노력하면 언젠가는 자신도 모르게 그 자리로 옮겨 가 있게 된다'라는 것을 몸소 실천하고 증명했다. 즉, 과거가 있는 성자였다. 이것이 인생이다.

몽골 자원 봉사에서 돌아온 우리의 정신은 몽골의 하늘처럼 한층 정화되고 성장했다. 그 후로는 발걸음도 사뿐히 가볍고, 얼굴에는 미소가 떠날 날이 없다. 몸속에 사랑과 음악이 가득한 것 같다. 오늘도 콧노래를 흥얼거리면서 선하게 살아가기를 다짐한다.

시골내기의 소풍 같은 인생

소풍 가는 날은 그리 즐겁지 않았다. 김밥 이외에는 별다르게 가져갈 것이 없었기 때문이다. 중학교 다닐 때는 매년 소풍을 갔는데, 앞산을 오르거나 학교에서 걸어서 8킬로미터 떨어진 곳으로 소풍을 갔다. 나는 반에서 키가 작은 편이었고, 시골 출신으로 도시 문물에 숙달되지 않아서 어리숙해 보였다. 또한 넉넉하지 않은 가정 출신이라 과자도 마음 놓고 사먹은 적이 없었다.

소풍 가는 날에는 고향인 청송의 시골 풍경과는 다르게 친구들이 과자를 꽤 많이 사 가지고 왔다. 우리는 과자를 서로 나누어 먹었지만, 나는 줄 것이 거의 없었다. 한번은 친구가 먹고 버린 과자 봉지가 예뻐서 가방에 넣어서 집으로 왔다. 어머니는 그것을 보고 "이건 뭐냐?"라고 물으셨다. 내가 "봉지가 예뻐서 가져 왔어요"라고 대답하자 어머니는 "남이 먹고 버린 껍질을 가져오다니!" 하고 꾸중을 하셨다.

고등학교 때는 3박 4일로 수학여행을 갔다. 그러나 생활이 어려운 동기생들 몇십 명은 여행을 포기하고 교외에 위치한 팔달교 주변 밤나무 숲으로 소풍을 갔다. 그중 나를 포함한 여섯 명은 집으로 바로 돌아오지 않고, 동촌 유원지를 거쳐서 집에 가기로 했다. 생각보다 먼 길이었다. 지금 생각해 보니 아마도 15킬로미터 정도는 됐지 싶다. 간신히 동촌까지 걸어가서도 끝이 아니었다. 구경을 마친 후 동촌에서 집으로 돌아오는 차비가 없어서, 6킬로미터나 되는 거리를 또 걸어야만 했다. 그날은 도합 21킬로미터 정도를 걸었다. 매우 피곤했다. 수학여행도 가지 못한 우리는 소풍이라고 모여서 종일 걷기만 한 것이다. 키 작고 돈 없어 얼뜬 시골 출신이어서 그런지, 도시 생활은 모든 게 배움의 대상이었다. 최대한 빨리 익혀야 하는 것뿐이었다.

그렇게 시골에서 배운 바탕 위에 도시의 복잡한 생활에서 얻은 경험이 더해지면서, 나의 성격은 점차 자리를 잡아가고 있었다. '첫째, 빠르게 해야 한다. 둘째, 모두를 외워라. 셋째,

꾸준하게 해야 한다.' 마지막으로 다짐했던 것은 '넷째, 행실을 바르게 해야 한다'였다. 그래도 양반 소리를 듣고 자랐기 때문이다. 이렇게 다짐하면서 매사를 수행하다 보니, 학교 성적은 비교적 좋았다. 법과 대학에 입학하려고 문과반에 있었지만, 아버지의 설득으로 이과반으로 바꾸어서 뒤늦게 의대 입시 공부를 시작했다.

의과 대학 공부는 평생 직업이 된다고 생각하여 열심히 노력했다. 그러나 본과 1학년의 마지막 달인 2월에, 교과를 배우기 시작하기도 전에 큰 실수를 저질러 버렸다. 저녁에 동사무소에 볼 일이 있어서 가 보니, 어떤 어른이 저녁 사 먹을 돈을 구걸하는 것이다. 보기가 불쌍해 보여서 그를 집으로 데리고 와서 저녁을 먹여 보냈다. 그가 집에서 나가고 한참 시간이 흐른 후에 공부하려고 책을 찾으니까, 찾지 못했다. 2학년 때에 제일 큰 학점이 걸린 병리학 교과서를 잃어버린 것이다.

결국 새로 책을 살 수는 없는 형편이라 선배에게서 헌책을 빌릴 수밖에 없었다. 그런데 공부를 하다 보니 뭔가 이상했다. 내가 빌린 병리학 교과서의 내용이 신판과 달랐다. 애써 노력해도 헌책으로는 좋은 성적이 불가능했다. 그 해에 나는 28등을 했다. 1학년에 1등을 하고 3학년에 4등을 했으니 평균 6등이 되었다.

그 후에도 쫓기는 듯한 생활이 계속되었다. 청소년 시절에도 나는 아무런 취미가 없었다. 그러던 것이 중년 이후에야 차츰 나만의 취미를 만들어 가기 시작했다. 처음에는 테니스로 시작하다가 마라톤으로 취미를 바꾸었다. 숨가쁘게 달리면서 끊임없이 목적지를 향해 가는 운동 방식이 적성에 맞았다. 마라톤을 통해 내세울 것 없는 내가 도시의 동료들에게 지지 않을 수 있는 지구력과 인내력을 배워 나가기 시작했다. 어느덧 뒤를 돌아 보니 제법 자랑스러운 이력이 남았다. 풀코스 35회, 100킬로미터를 4회나 달렸다. 58세의 나이로 한일 울트라 마라톤 대회에서 200킬로미터를 완주해 3위를 한 적도 있다. '죽지 않으면 살겠지…'라는 심정으로 달렸던 것 같다.

의학에 걸어 온 삶도 의미가 있었지만, 차츰 다른 영역으로도 범위를 넓혀보고도 싶었다. 수돗물 페놀 사건으로 대구의 상수도 생산과 수질 감시 활동을 하는 위원회의 위원장으로 7년간 지내면서 환경 운동에도 뛰어들었다. 대구 광역시를 맑고 푸르게 할 위원회에도 현재까지 관여하고 있다. 대통령 자문 지속 가능 위원회 위원이 되어 전국 단위의 환경을 고민해 보는 기회도 가졌다. 대구 YMCA에서는 약 20년간 이사직, 그 후 이사장직을 맡았다.

어린 시절, '가난과의 결별'을 결심했다. 그런데 나이가 들수록 책 속에 가난과 부유함을 초월할 수 있는 지혜가 숨어 있다는 것을 깨닫게 된다. 요즘도 같은 연배들에 비해 월등히 많은 책을 본다. 지방에서 발행되는 신문에 6년간 칼럼을 쓰기도 했다. 아내는 온종일 책과 함께 하루를 보내는 나에게 "그러다 엉덩이가 내려앉겠어요"라고 말하기도 한다.

즐기던 술도 거의 마시지 않게 되니 시간이 남아돈다. 그 시간을 오늘도 나는 책을 보는데 쓰고 있다. 요양 병원의 할머니들이 부르는 〈인생은 나그네 길〉이라는 노래 소리가 저쪽에서 들려온다. 나도 저 나이가 되면, 유행가를 부르고 있을까? 또는 그때에도 책을 보고 있을까?

죽음을 마주하는 시간

초판 1쇄 발행 2015년 9월 14일

지은이 —— 이원락
펴낸이 —— 최용범
펴낸곳 —— 페이퍼로드
출판등록 —— 제10-2427호(2002년 8월 7일)
　　　　　　서울시 마포구 연남로3길 72(연남동 563-10번지 2층)

이메일 —— book@paperroad.net
홈페이지 —— www.paperroad.net
커뮤니티 —— blog.naver.com/paperroad
Tel (02)326-0328, 6387-2341 | Fax (02)335-0334

ISBN 979-11-86256-07-7 (03100)